Adriano Paranaiba

Transportes Turísticos

Freitas Bastos Editora

Maria Augusta Delgado Livraria, Distribuidora e Editora

Direção Editorial: *Isaac D. Abulafia*
Gerência Editorial: *Marisol Soto*
Assistente Editorial: *Larissa Guimarães*
Copidesque: *Georgia Pignataro*
Revisão: *Doralice Daiana da Silva*
Diagramação e Capa: *Alinne Paula da Silva*

Dados Internacionais de Catalogação na Publicação (CIP)

P223t Paranaiba, Adriano

Transportes Turísticos / Adriano Paranaiba. - Rio de Janeiro, RJ : Freitas Bastos, 2025.

124 p. ; 15,5cm x 23cm.

ISBN: 978-65-5675-619-6

1. Turismo. 2. Transportes. I. Título.

2025-4376 CDD 654
CDU 338.48

Elaborado por Odilio Hilário Moreira Junior - CRB-8/9949

Índices para catálogo sistemático:

1. Turismo 654
2. Turismo 338.48

Freitas Bastos Editora
atendimento@freitasbastos.com
www.freitasbastos.com

Adriano Paranaiba

Economista. Mestre em *Agribusiness* (UFG). Doutor em Transportes (UnB). Pós-doutorado em Administração (Mackenzie). Professor do quadro permanente do Instituto Federal de Goiás (IFG), onde atua como professor de Economia, Empreendedorismo e Transportes Turísticos. Pesquisador Líder do GP-GIM: Grupo de Pesquisa em Gestão Inovação e Mercados (CNPq). Editor-Chefe do Periódico Acadêmico *MISES: Interdisciplinary Journal of Philosophy, Law and Economics* (ISSN 2594-9187). Pesquisador *Fellow Senior* no Instituto Mises Brasil. Recebeu, em 2012, a Medalha Honra ao Mérito Legislativo Pedro Ludovico Teixeira, mais importante comenda da Assembleia Legislativa do Estado de Goiás. Pesquisador Visitante IPEA em 2022/23. Atuou como professor convidado do Mestrado em Economia OMMA (Madrid, Espanha). Foi Assessor na Câmara dos Deputados e Subsecretário de Competitividade e Melhorias Regulatórias do Ministério da Economia.

Site: https://adrianoparanaiba.com.br/.

Dedico aos meus filhos, Caio Felipe e Marcos Paulo.

SUMÁRIO

Introdução

Com muita satisfação, recebi o convite da Editora Freitas Bastos para escrever este livro, que trata da importância do transporte para o turismo, e, com isso, contribuir para a formação de profissionais da área. Mas como eu, um economista, vim parar na escrita desta obra?

Meu interesse em estudar os transportes surgiu logo após a conclusão do meu mestrado, que fiz em um Programa de Pós-Graduação em Agronegócios, na linha de competitividade agroindustrial, discutindo incentivos fiscais. Certo dia, uma delegação de executivos do Porto de Rotterdam e diretores de complexos industriais ali instalados vieram para uma visita técnica e realização de rodadas de negócios em Goiás.

Na época, eu trabalhava em um instituto de pesquisas econômicas e fui convidado pela Associação Comercial, Industrial e de Serviços do Estado de Goiás (Acieg) para organizar uma apresentação para os *gringos* sobre a economia goiana – "Venda Goiás!", foi o que disseram. Nosso grupo fez uma apresentação que deixou o pessoal muito empolgado com uma economia que crescia, mesmo em um cenário de crise. Contudo, uma pergunta me deixou desconcertado: "Ok, vocês têm muitas rodovias, mas e a logística?".

Na verdade, foi um tiro fulminante, e seria mais fácil se me perguntassem qual é o gosto que a jaca tem. De fato, questões logísticas nunca foram prioridade para nenhum governo brasileiro. Muitos acreditaram que bastava construir estradas – logística no Brasil nos remete às empresas de caminhões que fazem serviços de "logística".

Nesse ínterim, eu acabava de ser aprovado no concurso para professor do Instituto Federal de Educação, Ciência e Tecnologia de Goiás para lecionar economia e empreendedorismo, lotado na coordenação de turismo e hospitalidade, e ingressei na UnB para dar continuidade aos meus estudos, cursando o doutorado no Programa de Pós-Graduação em Transportes.

O que deveria ser algo caótico se tornou uma grande engrenagem, que me impulsionou naquele início de carreira como pesquisador: a combinação de turismo, economia e transportes me trouxe uma interdisciplinaridade que me deu a oportunidade de buscar respostas para questões relacionadas ao desenvolvimento econômico de uma atividade tão importante como o turismo, que demanda tanta infraestrutura de transportes.

Em 2013, o Instituto Federal de Educação, Ciência e Tecnologia de Goiás deu início ao curso de bacharelado em Turismo, visto que, até então, eram ofertados os cursos tecnológicos de Gestão de Turismo e Hotelaria. Nesse novo curso, me convidaram para a cadeira de docente e delegaram a mim a criação da ementa de uma disciplina obrigatória, Transporte Turísticos, que assim foi desenhada:

Ementa

A relação intrínseca entre os meios de transporte e o turismo. Informações gerais sobre o sistema de transportes. Aspectos históricos e conceituais dos transportes e de suas diferentes modalidades. Transportes de massa. Principais dificuldades enfrentadas pelo setor. A movimentação turística e os meios de transportes disponíveis no Brasil e em outros países. Infraestrutura e legislação brasileira de apoio aos transportes. Programa de Logística dos Transportes -MTUR

Objetivos

O aluno deverá ser capaz de: Conhecer os conceitos e as principais características do sistema de transportes e de seus modais; Analisar o destino turístico e planejar a atividade turística indicando o tipo de transporte adequado a cada realidade; Questionar criticamente modelos de gestão atuais; Identificar impactos das inovações tecnológicas e legais nos transportes e suas consequências na atividade turística; Aplicar de forma adequada as informações técnicas, as estatísticas e as variáveis no planejamento do sistema de transportes turístico; Identificar e avaliar os impactos ambientais e socioeconômicos dos sistemas de transporte nas localidades. (IFG, 2024, p. 74)

Desde então, lecionei a disciplina fazendo ajustes no meu plano de ensino a cada novo semestre para conseguir contribuir de forma significativa para a formação dos discentes, que se tornariam os profissionais de turismo.

Em 2018, um novo desafio me foi dado: ser o primeiro coordenador do curso de Pós-Graduação *Lato Sensu* em Gestão dos Serviços de Hospitalidade, também pelo IFG. Mesmo não possuindo uma disciplina de transportes turísticos, foi possível praticar os conhecimentos da graduação dos discentes para produção de estudos sobre transportes turísticos, nos rendendo muitas publicações de artigos e capítulos de livros.

Assim, neste livro tento trazer não só o conhecimento adquirido nesses anos de pesquisa e docência em transportes turísticos, mas muitas provocações do que precisamos almejar para uma melhora da oferta turística, responsável por grandes ganhos socioeconômicos para a sociedade brasileira.

Organizei o livro em uma estrutura particularmente relacionada à forma como penso o turismo, fugindo um pouco do que encontramos nos atuais manuais de transportes turísticos e trazendo informações novas e relevantes, como, por exemplo, os impactos da COVID-19 nos transportes turísticos.

Espero que aproveitem a leitura, mas também que tenham este livro como um pequeno manual de consulta para suas pesquisas, sejam acadêmicas ou profissionais.

Capítulo 1:
Conceitos e Aspectos Gerais dos Transportes no Turismo

O transporte é considerado como a base primordial para o desenvolvimento do turismo doméstico e internacional (Kaul, 1985), e é fundamental compreendê-lo também como campo de estudo. Ademais, representa uma atividade fundamental (Beni, 1998), visto que a oferta turística não pode ser transportada, mas sim os clientes dela. De fato, não conseguimos empacotar a beleza e a "brisa úmida" de uma cachoeira e enviar pelos correios, muito menos acreditar que pela televisão o turista terá a mesma experiência de uma visita ao Vaticano ou aos Alpes Suíços. De certa forma, todos os produtos e serviços turísticos precisam que os consumidores (turistas) sejam transportados para onde são produzidos (destinos turísticos).

Com o crescimento da indústria do turismo, os serviços de transporte têm evoluído significativamente, tendo em vista que um serviço sem qualidade pode levar a perdas graves para a economia, não só do setor turístico, mas também de um país (Heraty, 1989). Apesar de sua grande importância, Prideaux (2000, p. 12) assegura que, mesmo com reconhecida influência, o "setor do transporte sobre o turismo é um tema pouco estudado".

É de grande importância a boa qualidade do transporte sob o olhar do turista, o que influencia a economia do turismo de uma região, desencadeando preocupação diante desse produto turístico. Alguns exemplos da intervenção do meio de transporte que refletem a qualidade do serviço estão nos terminais, nas vias, nos tipos de veículos, nos serviços e nos equipamentos de apoio ao viajante (Paranaiba; Barbosa, 2020).

Conceitos Básicos

Vamos agora tratar de alguns conceitos básicos, que nos acompanharão ao longo deste livro. O primeiro deles é a definição de transporte turístico.

> Transporte turístico "é a atividade-meio compreendida por uma série de atributos que interliga a origem de uma viagem turística a um determinado destino (e vice-versa), que interliga vários destinos turísticos entre si (primário ou secundários) ou que faz com que os visitantes se desloquem dentro de um mesmo destino primário ou secundário". (Palhares, p. 5, 2013)

Uma representação visualmente eficaz da participação e relevância do transporte turístico pode ser observada tanto em Palhares (2002, p. 28) quanto em Palhares (2013, p. 7).

Figura 1.1: Esquema de Transporte Aplicado ao Turismo

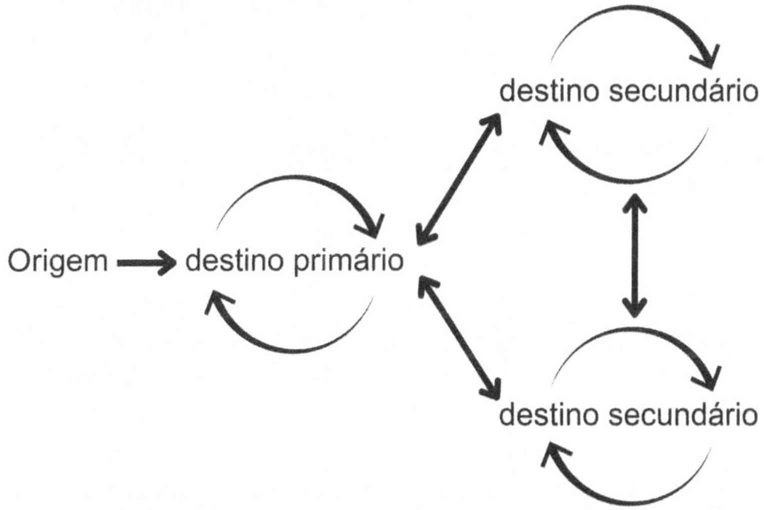

Fonte: Adaptado de Palhares (p. 28, 2002).

Mais do que uma atividade-meio, é possível identificar que o transporte é uma parte importante do turismo, capaz de conectar pessoas e destinos. No entanto, ele pode ser também uma parte do destino, não atuando apenas como conector de pessoas, atividades e lugares. Em alguns casos, o transporte turístico é o próprio destino, ou seja, o propósito da viagem.

Figura 1.2: Turista andando de trenó

Uma provação: Na imagem ao lado, você consegue identificar um turista se divertindo na neve, andando em seu trenó. Seria o trenó turismo ou transporte? Ou os dois? Andar de trenó na neve pode ter sido a principal motivação da viagem – um local com neve para esse turista andar de trenó.

Fonte: Elaborado pelo autor, 2025.

O próximo conceito que quero apresentar, com certeza, é o mais polêmico de todos: **modo de transporte**. Quando falamos sobre a forma como o transporte ocorre, é muito comum ouvirmos "modal" (modal rodoviário, modal ferroviário...). Saiba que essa maneira de falar ***está errada!*** E é uma questão do português mesmo. Pela classe de cada palavra, "**modo**" é um substantivo e, nesse caso, em conjunto com a locução adjetiva "de transporte", determina um meio ou uma forma de transporte. Na mesma linha de raciocínio, "modal" é um adjetivo e, por isso, não pode ser usado com a locução adjetiva "de transporte".

Portanto, sempre que for se referir aos meios pelos quais os turistas são transportados, tais como **rodoviário**, **ferroviário**, **marítimo** etc., prefira usar: **modo de transporte**. Então, use sempre **modo rodoviário**,

modo ferroviário, modo aéreo... Eu sempre faço a seguinte brincadeira: "o melhor **modo** de saber se alguém entende de transportes é ver se usa o **modo** correto".

Quando usamos "modal"? Em intermodal e multimodal, por exemplo (não é substantivo). E por falar nisso, qual a diferença entre eles? Quanto à forma de transporte, intermodalidade e multimodalidade são idênticas: um turista usa mais de um **modo de transporte** para realizar sua viagem. A grande diferença está na forma contratada: quando o turista compra um pacote que contempla todos os transportes que irá utilizar, com os traslados, passagem aérea, passeios de barco etc., estamos falando de multimodalidade. Agora, quando compra separadamente cada parte do transporte da viagem, estamos falando de intermodalidade.

Isso é importante porque, na multimodalidade, o vendedor dessa viagem costuma ser um Operador de Transporte Multimodal (OTM). O cliente celebra apenas um contrato, mesmo que envolva diferentes **modos de transporte**.

Origens dos Transportes

O transporte humano teve suas primeiras manifestações na pré-história, quando o homem, como nômade, deslocava-se a pé em busca de alimentos, abrigo e recursos naturais. Esse período marca uma era de dependência total do corpo humano como meio de locomoção. Embora rudimentar, esse tipo de transporte foi essencial para a sobrevivência das primeiras sociedades e permitiu a ocupação de territórios vastos. O deslocamento a pé era uma atividade extenuante, mas eficiente para um estilo de vida que demandava mobilidade constante.

A grande revolução inicial no transporte foi a invenção da roda, que não só transformou a maneira como as pessoas se locomoviam, mas também redefiniu como cargas eram transportadas. Inventada na pré-história, a roda é considerada um dos maiores avanços tecnológicos da humanidade. Com o tempo, passou a ser integrada a veículos simples, como carroças e carruagens, permitindo o transporte de maiores volumes e facilitando atividades econômicas e sociais.

Figura 1.3: Evolução da Roda

Fonte: Elaborado pelo autor, 2025.

Além disso, a invenção da roda trouxe implicações que vão além do transporte terrestre. A roda também foi fundamental no desenvolvimento de máquinas e mecanismos, como engrenagens, que estão presentes em diversas tecnologias até os dias atuais. A partir da inclusão de materiais como a borracha, no final do século XIX, a funcionalidade da roda foi significativamente ampliada, contribuindo para a criação de pneus e modernizando os veículos terrestres.

A importância da roda não pode ser subestimada. Mesmo em veículos que aparentemente não utilizam rodas visíveis, como navios e aviões, mecanismos que incluem rodas dentadas e engrenagens são essenciais para o funcionamento das máquinas. Assim, desde os primórdios, a roda se tornou um símbolo do progresso humano, um componente vital para o avanço tecnológico e para a transformação da mobilidade.

A Revolução do Transporte Ferroviário

A introdução do transporte ferroviário foi uma das inovações mais significativas da história dos transportes, revolucionando a maneira como cargas e pessoas eram deslocadas ao longo de grandes distâncias. Suas origens remontam à Grécia Antiga, onde trilhos rudimentares de madeira eram usados para transportar minério. No entanto, foi durante a Revolução Industrial, no século XVIII, que o transporte ferroviário assumiu uma forma moderna e transformadora. Os trilhos metálicos e a invenção da máquina a vapor deram início a uma era de expansão e eficiência nos transportes.

Figura 1.4: Desenho da Locomotiva "Pen-y-Darren" de Richard Trevithick (1804)

Fonte: Elaborado pelo autor, 2025.

Os primeiros trilhos metálicos surgiram em meados do século XVIII, permitindo maior durabilidade e estabilidade para os veículos que os utilizavam. Essa inovação foi complementada pela invenção da máquina a vapor por Thomas Newcomen em 1705, aprimorada posteriormente por James Watt em 1765. A combinação dessas tecnologias resultou na locomotiva, que substituiu a tração animal e aumentou exponencialmente a capacidade de transporte.

Embora inicialmente projetadas para transporte de cargas, as ferrovias logo passaram a transportar passageiros. A primeira linha ferroviária de passageiros foi inaugurada em 1825, na Inglaterra, conectando as cidades de Darlington e Stockton. Esse marco foi essencial para a urbanização e a expansão econômica, já que permitiu a conexão eficiente entre centros urbanos e zonas rurais.

Além disso, as ferrovias tiveram um papel central no desenvolvimento de indústrias, facilitando o transporte de matérias-primas e produtos acabados. A Inglaterra, pioneira no uso de ferrovias, beneficiou-se enormemente dessa inovação, consolidando sua posição como líder industrial e comercial no século XIX.

Ao longo do tempo, o transporte ferroviário continuou a evoluir. Tecnologias modernas, como os trens de alta velocidade, demonstram como as ferrovias permanecem relevantes, unindo eficiência, sustentabilidade e inovação em um mundo cada vez mais interconectado.

A Era do Transporte Rodoviário

O transporte rodoviário representa um marco significativo na evolução da mobilidade humana, oferecendo maior flexibilidade e autonomia em relação a outros meios de transporte. Sua história começa com os primeiros veículos rudimentares movidos a vapor, como o carro criado por Joseph Cugnot em 1769. Esse veículo, embora limitado por seu peso e complexidade, pavimentou o caminho para inovações subsequentes, incluindo os motores a combustão interna.

Figura 1.5: Carro a vapor de Cugnot (1769)

Fonte: Elaborado pelo autor, 2025.

A verdadeira revolução do transporte rodoviário ocorreu no final do século XIX, com o desenvolvimento de automóveis movidos a gasolina. O casal Benz foi pioneiro nesse campo, criando o primeiro automóvel funcional em 1886. A popularização do automóvel, no entanto, só foi possível graças a Bertha Benz, que realizou uma viagem histórica em 1888, demonstrando a viabilidade e a praticidade do carro como meio de transporte. Essa jornada, de 106 km, não apenas consolidou a reputação da invenção, mas também fomentou a aceitação pública.

Figura 1.6: Bertha Benz e seu Benz-Patent Motorwagen (1888)

Fonte: Elaborado pelo autor, 2025.

No século XX, Henry Ford transformou a indústria automobilística ao introduzir a produção em massa por meio da linha de montagem. Essa inovação não apenas reduziu o custo de produção, tornando os carros acessíveis a uma parcela maior da população, mas também inaugurou um novo paradigma de eficiência industrial. O "fordismo" simbolizou o casamento entre tecnologia e produtividade, moldando tanto a economia quanto a cultura do século XX.

Hoje, o transporte rodoviário é essencial para a mobilidade urbana e interurbana, além de desempenhar um papel crucial na logística e no comércio. Veículos elétricos e autônomos representam a próxima fronteira, prometendo reduzir o impacto ambiental e aumentar a eficiência.

Assim, o transporte rodoviário continua a evoluir, refletindo as necessidades e os desafios de uma sociedade em constante transformação.

A Expansão dos Transportes Marítimos

O transporte marítimo é uma das formas mais antigas e fundamentais de locomoção, com registros históricos que remontam a mais de 10.000 anos. Os fenícios, por exemplo, foram pioneiros na construção de embarcações capazes de atravessar o Mediterrâneo, utilizando a navegação como ferramenta essencial para o comércio e a expansão territorial. Ao longo dos séculos, as embarcações evoluíram de simples canoas escavadas em troncos de árvores para complexos navios com estruturas resistentes e capacidade de transportar grandes volumes.

A Revolução Industrial trouxe uma transformação significativa para o transporte marítimo com a introdução do motor a vapor. O primeiro navio com esse sistema, o Savana, realizou sua viagem inaugural transatlântica em 1819, marcando o início de uma nova era. Essa tecnologia permitiu maior velocidade, confiabilidade e capacidade de carga, revolucionando o comércio global.

Uma inovação ainda mais transformadora foi a introdução do contêiner no século XX. Esse sistema padronizado de transporte de cargas simplificou a logística global, permitindo o armazenamento eficiente em navios, caminhões e trens. O contêiner é considerado um dos pilares do comércio internacional moderno, reduzindo custos e aumentando a velocidade das transações comerciais.

Atualmente, os navios de carga dominam os oceanos, com embarcações como o *Symphony of the Seas* e o *Maersk Triple-E* capazes de transportar milhares de toneladas de mercadorias e passageiros. O transporte marítimo é responsável por cerca de 90% do comércio global, destacando sua importância econômica.

Além disso, o turismo marítimo, representado pelos cruzeiros modernos, tornou-se uma experiência cultural e recreativa, demonstrando como o transporte marítimo continua a evoluir e a se adaptar às demandas humanas.

A Revolução dos Transportes Aéreos

O transporte aéreo é uma das conquistas mais emblemáticas da humanidade, transformando profundamente a maneira como viajamos e conectamos o mundo. Embora os irmãos Wright tenham realizado o primeiro voo motorizado em 1903, foi Santos Dumont, em 1906, quem demonstrou a viabilidade do avião como um meio de transporte autônomo. Enquanto os Wright usaram uma catapulta para lançar sua aeronave, Dumont projetou um avião capaz de decolar e aterrissar por conta própria, marcando o início da aviação moderna.

Antes do avião, o homem já havia explorado os céus com dirigíveis, como os Zeppelin, que eram amplamente utilizados para transporte comercial no início do século XX. No entanto, problemas de segurança, como explosões fatais, limitaram o uso dos dirigíveis em favor dos aviões, que se mostraram mais seguros e versáteis.

Durante a Primeira Guerra Mundial, a aviação teve seu potencial estratégico explorado, levando ao desenvolvimento de aeronaves mais rápidas e eficientes. Após a guerra, o transporte aéreo comercial começou a se consolidar, conectando cidades e continentes de forma inédita. Aviões como o Boeing 747, introduzido na década de 1970, simbolizam a era moderna da aviação, combinando alta capacidade de passageiros com conforto e eficiência.

Atualmente, o transporte aéreo é essencial para o turismo, o comércio e a comunicação global. Com tecnologias emergentes, como aeronaves elétricas e aviões supersônicos, o futuro do transporte aéreo promete ser ainda mais rápido, sustentável e acessível, continuando a inspirar e conectar a humanidade.

Transporte Espacial: A Última Fronteira?

O transporte espacial representa o ápice da evolução tecnológica dos meios de locomoção, abrindo caminho para a exploração de novos territórios além do planeta Terra. Desde o lançamento do satélite Sputnik pela União Soviética em 1957 até o envio do primeiro ser humano ao espaço, Yuri Gagarin, em 1961, a corrida espacial evidenciou a capacidade humana de superar limites e buscar soluções tecnológicas inovadoras.

A chegada do homem à Lua, em 1969, através da missão Apollo 11, marcou um dos maiores feitos da humanidade, simbolizando o ápice da corrida espacial entre Estados Unidos e União Soviética. Essa conquista não apenas ampliou nosso conhecimento sobre o espaço, mas também gerou avanços significativos em diversas áreas, como a engenharia de materiais, sistemas de comunicação e computação. Tecnologias como os satélites artificiais, essenciais para telecomunicações, meteorologia e monitoramento ambiental, derivam diretamente dos esforços dessa época.

Nos anos seguintes, o desenvolvimento de veículos espaciais reutilizáveis, como os ônibus espaciais da NASA, trouxe uma nova dimensão ao transporte espacial. Esses veículos foram projetados para transportar peças para a construção da Estação Espacial Internacional e outros equipamentos necessários para missões de longo prazo. Apesar de sua aposentadoria, o conceito de reutilização foi herdado por empresas privadas, como a SpaceX, que lidera atualmente o setor de lançamentos espaciais.

Recentemente, o transporte espacial se expandiu para o turismo, com empresas como a SpaceX e a Blue Origin tornando possível o envio de civis ao espaço. Embora ainda seja uma experiência elitizada, essas iniciativas estão pavimentando o caminho para um futuro em que viagens espaciais poderão ser acessíveis a um público mais amplo. O próximo desafio é a colonização de outros planetas, como Marte, explorando a ideia de transporte interplanetário como uma solução para a sobrevivência da humanidade a longo prazo.

Inovações Contemporâneas e o Futuro dos Transportes

O transporte contemporâneo é definido por um esforço contínuo em aliar eficiência, sustentabilidade e tecnologia de ponta. A busca por soluções mais rápidas e ecologicamente corretas tem impulsionado o desenvolvimento de projetos inovadores.

Veículos autônomos e elétricos estão na vanguarda da inovação. Carros, caminhões e até drones de entrega estão sendo projetados para operar sem intervenção humana, utilizando inteligência artificial e sensores avançados. Esses veículos prometem aumentar a segurança no trânsito e reduzir custos operacionais, enquanto os modelos elétricos minimizam a emissão de gases de efeito estufa, contribuindo para um futuro mais sustentável.

No transporte aéreo, tecnologias como aeronaves movidas a hidrogênio e aviões elétricos estão sendo desenvolvidas, com o objetivo de reduzir a dependência de combustíveis fósseis. Paralelamente, a ideia de aeronaves supersônicas está voltando à pauta, com promessas de viagens transcontinentais em poucas horas, revolucionando novamente o transporte aéreo comercial.

Outro avanço significativo é o uso da mobilidade como serviço (MaaS, na sigla em inglês), um conceito que integra diferentes modos de transporte em uma única plataforma digital. Isso permite que os usuários planejem, reservem e paguem por viagens intermodais, combinando transporte público, bicicletas compartilhadas, táxis e veículos alugados de forma eficiente e prática.

O futuro dos transportes é impulsionado por desafios ambientais, econômicos e sociais. A necessidade de reduzir emissões, otimizar recursos e atender às demandas de uma população global crescente motiva governos e empresas a investir em soluções criativas. A integração entre diferentes tecnologias e modos de transporte aponta para um futuro em que mobilidade será sinônimo de inovação e sustentabilidade.

Capítulo 2:

Os Transportes nos Contextos Brasileiro e Internacional

A história dos transportes no Brasil reflete diretamente o desenvolvimento socioeconômico e político do país. Desde o período colonial até os dias atuais, o avanço nos meios de transporte tem sido fundamental para a expansão territorial, integração econômica e consolidação da identidade nacional brasileira.

Período Colonial até o Império

Durante o período colonial, os caminhos abertos até 1822 estavam diretamente relacionados às necessidades econômicas dos engenhos de açúcar, às atividades de captura e comércio de indígenas, à criação extensiva de gado e à exploração de metais preciosos. A comunicação entre as capitanias era predominantemente marítima, com longas e perigosas viagens realizadas em embarcações diversas, refletindo a ausência de investimentos significativos em infraestrutura terrestre por parte da coroa portuguesa.

A partir da Regência Una de Diogo Antônio Feijó, em 1835, houve uma tentativa inicial de planejar uma política estruturada de transportes, ainda que não efetivada de imediato. Contudo, as províncias se responsabilizavam pela manutenção das estradas existentes. A complexidade das relações econômicas e sociais nesse período era diretamente refletida na precariedade e na dificuldade dos deslocamentos, limitados principalmente às rotas marítimas e fluviais.

O Segundo Reinado, especialmente após 1850, marca um período de importantes transformações econômicas, impulsionadas principalmente pela agricultura cafeeira. Nesse contexto, destacaram-se tanto a navegação marítima quanto a fluvial, e o início da implantação das primeiras estradas de ferro. O crescimento econômico gerou uma demanda por meios mais eficientes de transporte, especialmente para a exportação de café e outros produtos agrícolas.

Curiosidade

Com o crescimento da produção e exportação cafeeira, a partir de 1831, em área de cultivo que se estendia, na Província do Rio de Janeiro, pelo vale do Rio Paraíba do Sul e pelos territórios adjacentes das Províncias de São Paulo e Minas Gerais, com ramificações no Espírito Santo, o Império viu a necessidade de se investir na implantação de estradas de ferro. Até então, a produção era transportada em animais. Há o registro da chegada de 200 mil mulas com carregamento, por ano, no porto de Santos. A quantidade de animais era tamanha que se implantou uma indústria de recuperação de ferraduras que se perdiam nas estradas de acesso aos portos. A regulação da matéria para implantação das ferrovias data de 1852. (Brasil, 2014).

O Impacto do Barão de Mauá

Irineu Evangelista de Sousa, mais conhecido como Barão e posteriormente Visconde de Mauá, foi figura central no desenvolvimento industrial e de transportes do Brasil imperial. Seu principal empreendimento foi o Estaleiro Ponta d'Areia, em Niterói, adquirido em 1846, que se tornou um marco da industrialização naval brasileira, contribuindo decisivamente para o crescimento econômico do país. Mauá foi pioneiro também no setor ferroviário, influenciando profundamente as políticas de transporte do Império.

A necessidade crescente de transporte eficiente da produção cafeeira levou à regulamentação do setor ferroviário em 1852. A primeira ferrovia, a Estrada de Ferro Mauá, foi inaugurada em 1854, com uma extensão inicial de 14,5 quilômetros, utilizando a famosa locomotiva "Baroneza". Esse avanço representou um grande salto para a modernização do transporte no país, aumentando consideravelmente a eficiência na movimentação de produtos agrícolas até os portos.

Em 1873, a aprovação da Lei nº 2.450 proporcionou condições mais favoráveis aos investimentos privados nas ferrovias, resultando em uma significativa expansão da rede ferroviária, alcançando aproximadamente 9.538 quilômetros até 1889. No entanto, diversas províncias, como Amazonas, Maranhão, Piauí, Sergipe, Goiás e Mato Grosso, permaneceram isoladas dessa rede ferroviária emergente até o final do Império.

Desenvolvimento das Rodovias no Segundo Reinado

Ao contrário das ferrovias, as rodovias não receberam atenção semelhante durante o Segundo Reinado, mantendo-se essencialmente como melhorias modestas das antigas vias coloniais. Mesmo assim, algumas iniciativas foram relevantes, como a Estrada União e Indústria (1861), que conectava Petrópolis a Juiz de Fora, e as estradas Dona Francisca em Santa Catarina e Graciosa no Paraná, ambas implantadas em 1873 e importantes para a colonização regional.

Transporte Urbano: Dos Bondes aos Ônibus

A introdução do transporte urbano teve início com os bondes, que surgiram em 1859 através da Companhia de Carris de Ferro da Cidade à Boa Vista, inicialmente tracionados por animais e, posteriormente, por vapor em 1862. No início do século XX, houve um salto significativo com a eletrificação dos bondes, especialmente visível na histórica linha do bairro Santa Teresa, no Rio de Janeiro.

O ônibus também representou um marco importante no transporte coletivo urbano. Surgindo inicialmente em 1908 com o primeiro serviço regular a gasolina no Rio de Janeiro, em 1917 ônibus elétricos começaram a circular pela Avenida Rio Branco. A popularização e diversificação dos ônibus, como os modelos "Bull-dog" de 1941,

Volvo-Carbrasa de 1950 e Scania-Vabis B75 de 1959, simbolizaram avanços tecnológicos e estruturais, moldando significativamente o desenvolvimento urbano brasileiro.

O Rodoviarismo e o Século XX

O século XX marcou a ascensão definitiva do transporte rodoviário. Sob o governo de Washington Luís, a primeira rodovia asfaltada ligando Rio a Petrópolis foi inaugurada em 1928, refletindo a visão do então presidente de que "Governar é fazer estradas". Essa política teve continuidade no governo de Juscelino Kubitschek, que por meio do Plano de Metas consolidou o rodoviarismo ao construir Brasília, criando uma rede de rodovias que integrava diferentes regiões brasileiras.

Contudo, o rodoviarismo trouxe também consequências negativas como congestionamentos, poluição ambiental e estresse urbano, desafios que se tornaram cada vez mais evidentes ao longo do tempo.

Comparação com Planejamento do Transporte em Outros Países

Existe um número grande de livros, artigos científicos, artigos de opinião, blogs, entrevistas e conversas de botequim que comparam os transportes do Brasil com os de outros países em busca de um modelo que "deu certo".

Se temos problemas com o Metrô, sempre surgem especialistas comparando com o Tube, sistema de metrô de Londres, ou com o RATP, empresa de transportes parisiense. Se temos falta de ferrovias, a solução é comparar com a malha ferroviária dos EUA. Transporte de passageiros? A dúvida é se a comparação vai ser com o Japão ou com a Europa – melhor: comparam com os dois!

Outra coisa muito interessante são as viagens oficiais que governantes brasileiros gostam de fazer para conhecer as melhores práticas de transportes, empresas e Câmaras de Comércio de outros países. São verdadeiras "comitivas", que fazem "tours" para aproveitar o máximo da viagem. Na bagagem de volta, promessas de acordos, sonhos de que "agora vai!" e muita informação sobre os outros países, iguais aquelas que podemos consultar na internet.

Mas no fundo, sempre achei esses comparativos muito injustos. O continente europeu, por exemplo, possui diversos países menores que o Maranhão, além de muitas riquezas adquiridas nos séculos passados. Fica fácil ser desenvolvido quando por séculos tiveram boa parte da África e Ásia como colônias. Comparar com Inglaterra? Sem chances, foi lá que surgiu a revolução industrial. Então, vamos comparar com os Estados Unidos, que foi colônia e tem a data de descobrimento próxima à do Brasil? Há controvérsias!

A colonização americana teve um ponto chave que diferenciou completamente o perfil de ocupação em relação à terra de Santa Cruz: o espírito do capitalismo. Max Weber vai descrever em sua obra "A Ética Protestante e o Espírito do Capitalismo" esse fator que será crucial: Enquanto os protestantes que ocupavam a parte norte das Américas favoreciam o espírito comercial, a América Latina era ocupada por nações católicas que na época rejeitavam a ideia de lucro e trabalho.

A exploração econômica acontecia em todas, mas os colonos eram diferentes: nos EUA um sonho de uma nova vida; no Brasil, uma busca de riquezas para abastecer o império.

Nesse sentido, uma colônia que também não foi pensada em uma terra de novos sonhos foi a Austrália. Mesmo sendo uma colonização inglesa, tal qual os EUA, seu processo de colonização começou com a ideia de uma colônia penal em 1788. Coincidências: quando Pedro Álvares Cabral desembarcou no Brasil, deixou dois prisioneiros nas terras tupiniquins e seguiu viagem para as Índias. Querendo ou não começamos da mesma forma.

A partir de 1850, a Austrália foi destino de aventureiros em busca de minas de ouro, tal qual ocorreu no Brasil, com os Bandeirantes. Dois países continentais, com uma grande área que dificulta a ocupação e implantação de infraestrutura: Deserto na Austrália, Amazônia no Brasil. Economia das duas nações tem como carro chefe exportação de commodities agrícolas (carne e grãos) e minerais. Os indígenas quase foram dizimados de cá, os aborígenes de lá. Muita fauna, muito calor, tudo igual.

Contudo, algo aconteceu ao longo da história e os dois países vivem realidades distintas hoje em dia: o PIB per capita australiano é seis vezes maior do que o brasileiro; conforme o Índice de Liberdade Econômica desenvolvido pela *Heritage Foundation*, a Austrália ocupa o quinto lugar, e o Brasil está na 153ª colocação. Isso diz muito sobre quão diferentes são quando o assunto é prosperidade econômica. Mas vamos focar no que nos interessa: como são feitos os investimentos e o planejamento do transporte nesses dois países?

O governo australiano possui um Departamento de Infraestrutura, Desenvolvimento Regional e de Cidades que desenvolve programas de infraestrutura de transportes e o que fica claro é que se trata de instituição com foco em estratégias, seja de o que está planejado para as próximas décadas (o Transporte Australiano já possui planejamento para 2030 com projeções para 2040), seja as estratégias e regras de parcerias de colo alcançar aquelas metas.

Existe uma lógica de pensar infraestrutura como "portfólios": combinação de projetos que possuem resultados melhores do que pensados sozinhos. Outra coisa é que todos os projetos são elaborados com *"Planning and Delivery"*, ou seja: planejamento não é só algo macro, mas até a forma de como essa obra vai ser entregue deve ser planejada.

Todo o Governo Australiano utiliza o manual *Investment Management Standard Guide (IMS Guide)* desde 2004, desenvolvido pelo Departamento de Tesouro e Finanças, sendo aplicado para selecionar os projetos de investimentos que ofereçam o máximo de benefícios para a comunidade, utilizando um método de fácil aplicação da tomada de decisão dos investimentos que se pretende avaliar.

Para alcançar o objetivo de realizar uma avaliação de investimento de forma plena e simples, o IMS se apoia em três princípios: (i) a melhor forma de discutir um assunto é com a reunião das pessoas com maior conhecimento sobre o assunto; (ii) a lógica do investimento deve ser capaz de ser descrita em uma única palavra; (iii) o investimento precisa descrever sua contribuição no benefício que se espera.

O *IMS Guide* apresenta a tomada de decisão baseada na técnica chamada de "As dezesseis questões" (*The 16 questions*), que são divididas em quatro áreas relevantes para qualquer tipo de investimento e pode ser usado tal qual um *check list*, quatro questionamentos para cada uma das quatro áreas de análise – (a) problema, (b) benefícios, (c) resposta estratégica e (d) soluções – que auxiliam o tomador de decisões, pois extraem de forma simples a complexidade das informações que um projeto possui.

Sobre a forma da análise da condução da aplicação do "*The 16 questions*", o Governo Australiano possui uma formação e certificação dos facilitadores, como forma de blindar o processo decisório de uma subjetividade que tire o foco principal do objetivo da avaliação – maximizar os benefícios para todo ambiente: governo, corporações e comunidade. Assim, avalia: (a) se o problema foi identificado; (b) se existem benefícios e sua relevância; (c) se a solução é estratégica, e; (d) se as soluções são efetivas.

Na Austrália existe a *Infrastructure Partnerships Australia* (IPA) que é um *think tank* e uma rede executiva independente de políticas públicas, focada na excelência em infraestrutura social e econômica. Na IPA são reunidas as principais organizações públicas e privadas de infraestrutura da Austrália, para moldar a política de infraestrutura do governo com os melhores resultados econômicos e sociais possíveis. Com muito orgulho, o IPA divulga no seu website:

> "Nosso programa de política e pesquisa usa dados do mundo real, nossa profunda exposição de mercado e nossas capacidades internas – para entregar documentos de pesquisa respeitados e contribuir com submissões detalhadas para revisões e consultas do setor governamental. Nossa experiência abrange os setores de transporte, serviços públicos e principais serviços sociais."

Além do mais, uma série de relatórios do desempenho dos investimentos já realizados e seus resultados – financeiros e sociais estão lá, disponíveis para qualquer um que tenha internet para acessar o site: previsão de investimentos e resultados da atração de capital são produzidos semestralmente.

Transparência e Informação agem sinergicamente no IPA para que a tomada de decisão seja bem assessorada com dados – e isso reduz o risco dos investidores globais. Informações esclarecedoras, baseadas em evidências, confiáveis e relevantes sobre questões relacionadas à infraestrutura para auxiliar o processo de tomada de decisões.

Quais as lições que tiramos?

O Brasil tem uma síndrome de planos: tudo é resolvido com um plano pra isso, outro para aquilo, enquanto a execução é sempre deixada para um segundo, ou terceiro, momento. Especialistas em planejamento que esquecem que a execução faz parte desse processo.

Regras claras também fazem toda a diferença. Uma burocracia extensa torna as regras verdadeiras agulhas no palheiro, mesmo com boa vontade em segui-las, o processo se torna insalubre para quem deseja agir. Para investidores, a falta de regras claras aumenta, ainda mais, o risco do investimento, sendo difícil acreditar no resultado que se projeta.

Muito investimento, ou gasto, do Governo afugenta capital privado em um fenômeno conhecido por *crowding out* inibindo o investimento privado, visto que o Governo desloca o real custo da taxa de juros. O Setor Público brasileiro absorve 60% do fluxo de poupança financeira de nossa economia e as carteiras de investidores institucionais possuem mais títulos públicos que títulos privados. O Governo concorre com o setor privado e, por emitir títulos soberanos, torna qualquer outra tentativa de investimento privado menos interessante.

Uma combinação terrível observamos nos transportes: o Governo não investe e afugenta investidores oferecendo rendimento melhor em títulos de dívida. Mas se o dinheiro do gasto público não está indo para oferecer infraestrutura, para onde está indo?

Apêndice A:
Governar é criar slogans! A saga do rodoviarismo no Brasil

O Caminho das Estradas Brasileiras: Uma Análise Histórica

Para compreender a malha rodoviária brasileira, é crucial retroceder à década de 1920. Em 1928, no auge de seu governo (1926-1930), o presidente Washington Luís, conhecido pela máxima "Governar é abrir estradas!", fortaleceu a moeda nacional e inaugurou a primeira rodovia asfaltada do país, a Rio-Petrópolis, além de concluir a São Paulo-Rio, crucial ligação entre as metrópoles, e diversas outras vias que conectavam São Paulo a outros estados e ao Porto de Santos. Contudo, a crise de 1929 forçou o foco em questões orçamentárias, culminando na ruptura da política café-com-leite e na sua deposição após a indicação de Prestes à presidência.

Curiosamente, a célebre frase atribuída a Washington Luís, "Governar é abrir estradas!", não era de sua autoria, nem completa. Sua origem remonta a Afonso Pena (6º presidente), cujo lema era "Governar é povoar!". A citação integral é: "Governar é povoar; mas, não se povoa sem se abrir estradas, e de todas as espécies; governar é, pois, fazer estradas!". No Brasil, terra de lemas marcantes, o período entre as décadas de 1940 e 1950 foi palco de outro slogan que incendiaria o país e moldaria a história rodoviária.

A Paternidade de um Slogan e Planos Governamentais

"O Petróleo é nosso!", lema amplamente associado a Getúlio Vargas, não teve nele sua gênese. Em 1936, Monteiro Lobato, em "O Escândalo do Petróleo", criticou Vargas por sua inação na exploração petrolífera. O livro foi censurado em 1937. A campanha "O Petróleo é nosso!", iniciada em 21 de abril de 1948, manifestava-se contra as políticas varguistas sobre a exploração nacional. Ao retornar à presidência em 1951, Vargas decretou o monopólio estatal e criou a Petrobras pela Lei nº 2.004 de 3 de outubro de 1953.

Entre os governos Vargas, o presidente Eurico Gaspar Dutra propôs o Plano SALTE, focado em Saúde, Alimentação, Transporte e Energia - as iniciais de setores estratégicos. Mesmo com a inflação inviabilizando grande parte do plano, diagnósticos da Missão Cooke (1942-43) e Missão Abbink (1948), influenciados pela expansão rodoviária nos EUA, foram cruciais. Em dezembro de 1945, o Fundo Rodoviário Nacional (FRN) foi instituído, tornando-se a principal fonte de financiamento para a expansão rodoviária, representando cerca de 80% da arrecadação do Imposto Único sobre Combustíveis e Lubrificantes Líquidos e Gasosos (IUCL). O Plano SALTE visava 22 eixos rodoviários, e em 1951, Vargas revisou-o para uma meta de 61 mil quilômetros.

A falta de sistematização na construção de rodovias brasileiras é notória: eixos paralelos e transversais às ferrovias desviavam o tráfego ferroviário, eixos paralelos ao litoral substituíam a navegação de cabotagem, e longas distâncias acompanhavam a expansão agrícola, preterindo ferrovias, que, à época, tinham maior capacidade para grandes volumes de carga. As rodovias, assim, foram construídas para substituir, e não integrar, os modais existentes.

O Sonho Rodoviário de JK e a Era dos Planos

Mesmo com a preferência rodoviária desde o início da república, ninguém apostou mais nelas que Juscelino Kubitschek (1956-1960). Seu Plano de Metas, com 30 metas em seis setores e a construção de Brasília como síntese (meta 31), convergia para o transporte rodoviário. Embora as metas 6 e 7 previssem investimentos ferroviários, o foco recaiu nas rodovias: em 1961, a meta de construção ferroviária atingiu 32%, enquanto a rodoviária alcançou 138%. Setores industriais como autopeças e produção de petróleo, e a meta 27 específica para a indústria automobilística, reforçam essa prioridade.

Após JK, cada governo apresentou um "Plano", e as rodovias sempre foram o foco do desenvolvimento econômico, seja com João Goulart ou nos governos militares. Planos como o Trienal (1962), Nacional de Viação (1964), PAEG (1964), PED (1968), PIN (1970), Metas e Bases

(1970), I PND (1972), II PND (1975) e III PND (1980) evidenciam essa primazia. A BR-230, a Transamazônica, com 4.977 quilômetros, é um exemplo da incoerência: nos anos 1970, o transporte ferroviário era muito mais eficiente (69,9 ton/km/l diesel) que o rodoviário (15,4 ton/km/l) para cargas.

Economistas "Desenvolvimentistas" ou "Estruturalistas" defendiam o modelo rodoviário, argumentando que a indústria automobilística gerava alto encadeamento com outras indústrias e serviços, antes, durante e depois da produção. A fabricação de um carro demandava siderurgias, indústrias de calafetagem, pintura, peças mecânicas, elétricas, eletrônicas, lubrificantes, têxteis, vidros, pneumáticos e látex. Após a produção, concessionárias, serviços de manutenção e venda de combustível mantinham a vasta cadeia econômica. Qualquer incentivo ao setor era justificado pelo ganho econômico, geração de empregos e demanda por matérias-primas.

O Desafio do Financiamento e a Descentralização

O FRN foi o principal financiador da expansão rodoviária. No entanto, os recursos não foram suficientes para cobrir nem metade do necessário para conservação, manutenção e ampliação da rede. Paradoxalmente, quanto maior a malha, menores eram os recursos para sua manutenção. Apesar do aumento da arrecadação do Imposto Único sobre Combustíveis devido à expansão da frota, a crise do petróleo, que elevou os preços em mais de 400%, expôs a contradição: o FRN, com alta arrecadação, teve seus recursos desviados para outras contas do país. Em 1982, o "superministro" Delfim Netto extinguiu o fundo, transferindo a receita do IUCL para o Fundo Nacional de Desenvolvimento.

Os investimentos rodoviários, muitas vezes sem sistematização, foram financiados por receita tributária geral, emissões de papel-moeda, endividamento externo e pelo BNDE (futuro BNDES). Com a redemocratização e a Constituição de 1988, buscou-se a descentralização fiscal, transferindo a Taxa Rodoviária Única (TRU) para os estados como Imposto sobre a Propriedade de Veículos Automotores (IPVA), visando a manutenção viária.

Contudo, essa descentralização político-administrativa e orçamentária não evitou a deterioração da malha rodoviária por falta de condições para manutenção e construção de novas vias. A "guerra fiscal" das décadas de 1980 e 1990 para atrair investimentos industriais corroeu os orçamentos estaduais, levando-os a contrair dívidas para manter as rodovias. Como solução, surgiu a possibilidade de investimentos privados, com a implantação do Programa de Concessões de Rodovias Federais em 1993, estendido a estados e municípios pela Lei nº 9.277/96, autorizando a União a delegar a administração e exploração de rodovias e portos federais.

Capítulo 3:

Transporte Aéreo e sua relação estratégica com o turismo

O transporte aéreo representa um dos pilares estruturantes do turismo contemporâneo, configurando-se como um dos principais vetores de mobilidade internacional e inter-regional. Sua função transcende a mera locomoção, pois integra a experiência turística, potencializa fluxos, encurta distâncias e redefine possibilidades de acesso a destinos anteriormente isolados.

A aviação comercial passou a ocupar papel central na estruturação do turismo internacional desde a segunda metade do século XX. Com a evolução das aeronaves, a ampliação das rotas e a modernização da infraestrutura aeroportuária, tornou-se viável realizar deslocamentos transcontinentais em períodos curtos. No contexto globalizado atual, a conectividade aérea é um indicador-chave de competitividade dos destinos turísticos.

Os aeroportos atuam como verdadeiros portais de acesso aos destinos, sendo que sua qualidade, eficiência e atratividade contribuem diretamente para a satisfação do viajante. Nesse sentido, o transporte aéreo também se torna uma extensão da experiência turística, demandando atenção à hospitalidade, sinalização, logística de bagagens e serviços embarcados.

Hubs Aéreos e Conectividade Turística

O conceito de HUB é essencial para compreender a estratégia de distribuição dos fluxos turísticos. Um HUB, "nó" em inglês é um aeroporto que centraliza operações de uma ou mais companhias aéreas, servindo como ponto de conexão para múltiplos destinos. Essa centralidade logística permite às companhias oferecerem voos para cidades com baixa demanda direta, conectando-as via escalas otimizadas.

Na Figura 3.1 é possível ver a diferença de uma operação com e sem Hub. Sem o Hub, para conectar oito destinos, o número de voos necessários para conectar todos é muito maior do que se todos os voos fossem direcionados para um Hub para a redistribuição dos passageiros.

Figura 3.1: Comparativo entre conexões sem e com *hub*

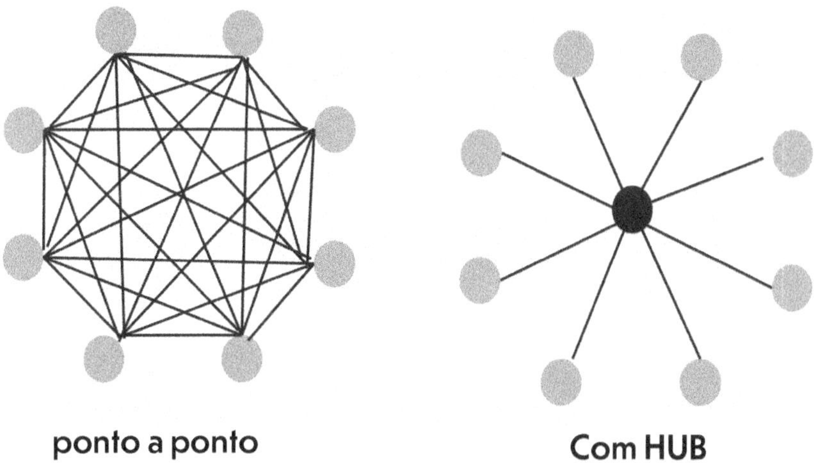

Fonte: Elaborado pelo autor, 2025.

O modelo de *hub* é altamente eficiente do ponto de vista econômico, pois concentra operações, reduz custos operacionais e amplia o alcance geográfico da malha aérea. Nem todas as cidades têm demanda suficiente para justificar um voo direto. Dessa forma, as companhias aéreas podem atender uma variedade muito maior de destinos conectando seus voos por meio do *HUB*.

Vamos observar a empresa LATAM que possui uma das maiores operações no Brasil, com o seu principal hub no Aeroporto Internacional de Guarulhos, São Paulo. Mas as empresas aéreas podem possuir mais de um hub, como é o exemplo da empresa Azul. Na Figura 3.2 observamos os Aeroportos de Campinas (Viracopos), Belo Horizonte (Confins) e Recife (Gilberto Freyre) como três hubs da empresa.

Figura 3.2: Rotas domésticas e internacionais AZUL

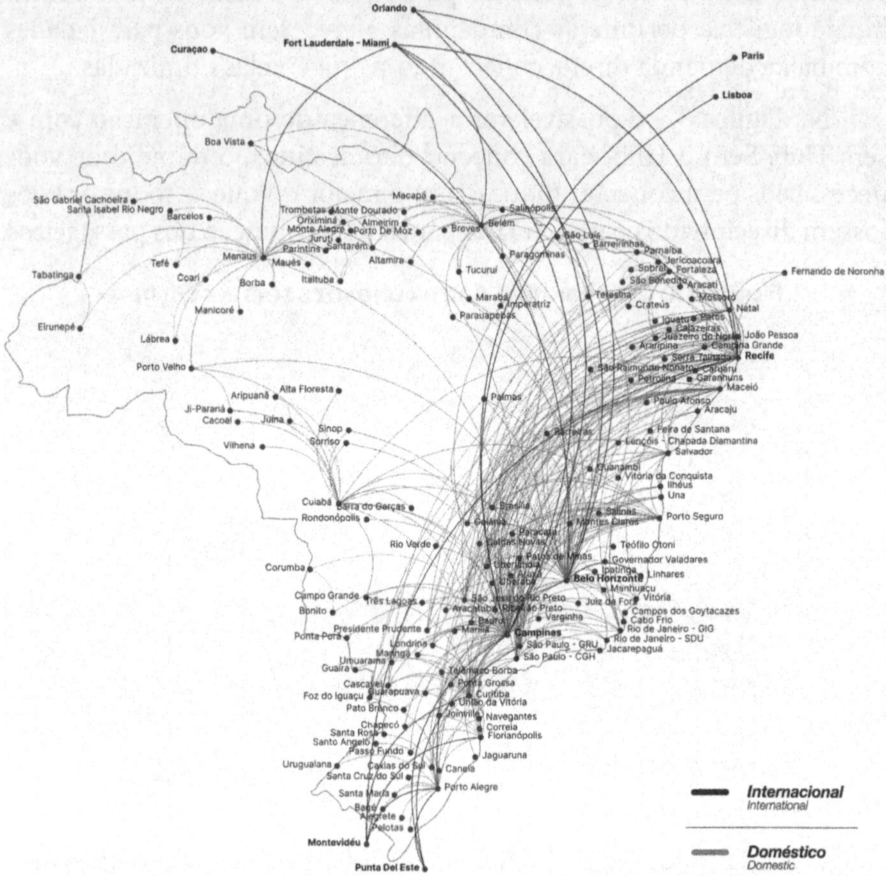

(Imagem meramente ilustrativa)
Fonte: AZUL, 2025.

Um caso interessante ocorre com uma das maiores empresas do mundo, a American Airlines, que é a maior companhia aérea do mundo em tamanho de frota, passageiros transportados e receita. A fusão com a US Airways ocorreu em 2013 e, em 2015, a marca foi totalmente extinta. A American Airlines é uma das fundadoras da Oneworld, operando em 10 hubs nos Estados Unidos; os três maiores hubs são Dallas/Ft. Worth, Charlotte e Chicago O'Hare.

Figura 3.3: Rotas da empresa American Airlines – Hub Dallas/ Ft. Worth

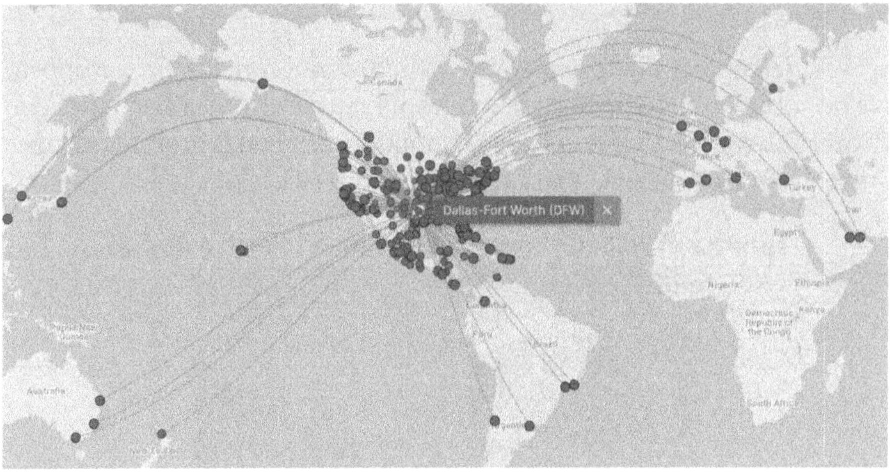

(Imagem meramente ilustrativa)
Fonte: Airline Route Maps, 2025.

O Modelo *Low Cost* e a Democratização do Transporte Aéreo

As companhias aéreas de baixo custo, ou *low cost carriers*, revolucionaram a indústria da aviação ao propor um modelo baseado na eficiência operacional e na redução de serviços não essenciais. Originado nos Estados Unidos na década de 1990, o modelo espalhou-se pela Europa e Ásia, e mais recentemente passou a ganhar terreno no Brasil.

Com a aprovação da Lei nº 13.842/2019, que permite a participação de até 100% de capital estrangeiro em empresas aéreas brasileiras, criou-se um ambiente regulatório mais favorável à entrada dessas companhias. A Gol Linhas Aéreas é um exemplo de *low cost* nacional que figura entre as dez maiores do mundo ao lado de gigantes como Ryanair, EasyJet e Southwest.

As *low costs* contribuem significativamente para a democratização do turismo, permitindo que novos públicos possam acessar destinos antes restritos por altos custos de passagem. Contudo, o Brasil ainda enfrenta desafios estruturais para a plena inserção deste modelo, como altos custos operacionais, infraestrutura aeroportuária deficiente e carga tributária elevada.

Aeroportos como Infraestrutura Turística

A percepção do turista sobre seu destino começa no aeroporto. Nesse contexto, aeroportos como o Adolfo Suárez (Madrid) e o Incheon (Coreia do Sul), não são apenas terminais, mas ícones arquitetônicos e culturais que integram a paisagem turística local.

Figura 3.4: Incheon International Airport (Coreia do Sul)

Fonte: Elaborado pelo autor, 2025.

Figura 3.5: Madrid-Barajas Adolfo Suárez Airport (Espanha)

Fonte: Foto de David Klein (2018) na Unsplash.

O que dizer do Aeroporto Changi, em Singapura (Figura 3.6)? Não seria incrível tê-lo como "destino turístico", e não apenas como uma infraestrutura para atender o modo aéreo turístico?

O aeroporto possui piscinas, cinema, floresta com 900 árvores e 60 mil arbustos em quatro andares, labirinto de plantas e 280 lojas. Duas atrações incríveis: *Kinetic Rain*, uma enorme escultura de gotas metálicas que se movimenta, formando desenhos localizada no Terminal 1; a segunda é a incrível *Rain Vortex*. Trata-se de uma queda d'água de 40 metros de altura que sai diretamente do teto.

Figura 3.6: Changi Airport (Singapura)

Fonte: Foto de Darren Nunis (2019) na Unsplash.

No Brasil, aeroportos como Santos Dumont (RJ), Florianópolis (SC), Ilhéus (BA) e Fernando de Noronha (PE) são valorizados não apenas por sua funcionalidade, mas pela experiência sensorial de seus voos panorâmicos. O país, apesar de desafios estruturais, apresenta avanços com a concessão de aeroportos e investimentos privados que melhoraram a qualidade dos serviços aeroportuários, segundo a pesquisa de satisfação do passageiro.

Códigos IATA e ICAO

O código **IATA** e o código **ICAO** são sistemas de identificação usados na aviação para designar aeroportos e outros elementos do setor aéreo. Abaixo, explico o que são e suas principais diferenças:

O código IATA *(International Air Transport Association)* é um sistema de três letras criado pela Associação Internacional de Transporte Aéreo. Ele identifica aeroportos e companhias aéreas de forma simplificada, sendo amplamente usado no setor comercial. O uso principal é de caráter comercial: reservas de passagens, bilhetes, bagagens, horários de voos e comunicações com passageiros. É voltado ao público e a operações comerciais. Nem todos os aeroportos pequenos possuem código IATA, apenas os de relevância comercial.

Por sua vez, o código ICAO (International Civil Aviation Organization) é um sistema de quatro letras estabelecido pela Organização da Aviação Civil Internacional. Ele é usado para identificar aeródromos, heliportos e outras instalações aeronáuticas em todo o mundo. Também destina-se para controle de tráfego aéreo, planejamento de voos, navegação e operações técnicas. É mais voltado para autoridades de aviação e pilotos.

Resumidamente, podemos fazer um comparativo das principais diferenças pelo Quadro 3.1.

Quadro 3.1: Comparativo código IATA e ICAO

Característica	IATA	ICAO
Formato do código	Três letras	Quatro letras
Finalidade	Comercial, voltado para passageiros e companhias aéreas.	Técnico, usado em operações aeronáuticas e controle de tráfego aéreo.
Estrutura	Não segue uma lógica geográfica estrita, muitas vezes usa abreviações reconhecíveis.	Estrutura geográfica clara, com letras indicando região e país.

Característica	IATA	ICAO
Público	Passageiros, agências de viagem, companhias aéreas.	Pilotos, controladores de tráfego aéreo, autoridades de aviação.
Exemplo prático	Quando você compra uma passagem para o Aeroporto de Guarulhos, verá GRU no bilhete (IATA).	Quando um piloto submete um plano de voo ao mesmo aeroporto, ele usará SBGR (ICAO).

Fonte: Elaborado pelo autor, 2025.

Como exemplificação, no Quadro 3.2 apresentamos o código IATA e ICAO para os principais aeroportos do Brasil.

Quadro 3.2: Códigos dos principais aeroportos brasileiros

IATA	ICAO	Localização	Aeroporto
CNF	SBCF	Belo Horizonte	Tancredo Neves Intl Airport
BSB	SBBR	Brasília	Presidente Juscelino Kubitschek Intl Airport
VCP	SBKP	Campinas	Viracopos Intl Airport
FLN	SBFL	Florianópolis	Aeroporto Hercílio Luz
FOR	SBFZ	Fortaleza	Pinto Martins Intl Airport
IGU	SBFI	Foz do Iguaçu	Foz do Iguaçu Intl Airport
GYN	SBGO	Goiânia	Santa Genoveva Airport
CGH	SBSP	São Paulo	Congonhas Intl Airport
GRU	SBGR	São Paulo	Guarulhos Intl Airport

Fonte: Elaborado pelo autor, 2025.

Sustentabilidade e Inovação no Transporte Aéreo

A discussão sobre sustentabilidade se tornou central no debate sobre o futuro do transporte aéreo. A emissão de gases do efeito estufa (GEE), o consumo de combustíveis fósseis e o ruído aeronáutico são fatores críticos. Nesse sentido, o setor tem investido em tecnologias de aeronaves mais eficientes, combustíveis sustentáveis de aviação (SAF - Sustainable Aviation Fuel) e otimização de rotas via inteligência artificial.

Além disso, aeroportos sustentáveis com certificações ambientais e operações verdes têm ganhado espaço. A inovação se estende também aos serviços, como *check-in* remoto, embarque biométrico, e o uso de big data para gestão de demanda e segurança.

Crises e Resiliência do Setor Aéreo

Historicamente, o transporte aéreo tem enfrentado sucessivas crises, desde choques econômicos até catástrofes sanitárias. O atentado de 11 de setembro de 2001 impôs uma nova era de protocolos de segurança, transformando a experiência aeroportuária em uma rotina marcada por revista manual, restrições a líquidos, scanners corporais e a famosa "*no-fly list*" - que já chegou a contar com mais de 550 mil nomes.

No Brasil, destaca-se o chamado "apagão aéreo" de 2006, uma crise de governança e infraestrutura deflagrada após o acidente do voo Gol 1907. O episódio revelou falhas graves no controle de tráfego aéreo e escancarou a necessidade de investimentos em modernização do setor.

Mais recentemente, a pandemia da COVID-19 impôs a maior paralisação da aviação desde sua criação. No entanto, o setor demonstrou notável resiliência. Dados indicam que a demanda doméstica em junho de 2023 superou em 5,1% os níveis de 2019, e a internacional atingiu 88,2% do registrado antes da pandemia. Esse processo de recuperação, ainda que desigual entre as regiões do globo, mostra o papel essencial da aviação como conector de destinos e facilitador de retomada econômica.

Desafios e Perspectivas Futuras

O futuro do transporte aéreo no turismo dependerá de uma série de fatores interligados. A ampliação da conectividade regional, com aviões de menor porte conectando destinos turísticos não capitais, é uma tendência. O fortalecimento de rotas internacionais com base em parcerias público-privadas e o fomento à aviação regional são caminhos possíveis.

Outro desafio é a conciliação entre crescimento e sustentabilidade. A pressão por emissões líquidas zero até 2050 requer esforços coordenados entre governos, companhias aéreas, fabricantes de aeronaves e organizações internacionais.

A evolução digital também representa uma oportunidade. Sistemas integrados de mobilidade, que combinam transporte aéreo com ferrovias, aplicativos de mobilidade urbana e experiências turísticas digitais, tendem a se consolidar.

A relação entre transporte aéreo e turismo é, portanto, uma simbiose essencial para o desenvolvimento socioeconômico contemporâneo. A aviação possibilita o encontro entre culturas, o crescimento de economias locais e a expansão do mercado turístico global.

Contudo, essa relação precisa ser cuidadosamente planejada, regulada e orientada por princípios de equidade, eficiência e sustentabilidade. O fortalecimento da infraestrutura, a ampliação do acesso, a promoção de modelos inovadores e sustentáveis são caminhos que permitirão ao transporte aéreo continuar sendo um instrumento-chave para o turismo do século XXI.

Capítulo 4:

Transporte Ferroviário e sua Relevância para o Turismo

O transporte ferroviário, um dos marcos da Revolução Industrial, consolidou-se ao longo dos séculos como uma forma de locomoção de grande importância econômica e social. Atualmente, sua relevância transcende a função logística e se afirma como parte integrante da experiência turística. Este capítulo tem como objetivo refletir sobre o papel do transporte ferroviário no turismo, sua evolução histórica, potencial estético-cultural e as iniciativas contemporâneas voltadas à revitalização e promoção de destinos ferroviários no Brasil.

A Origem do Transporte Ferroviário e sua Relação com o Turismo

A invenção da máquina a vapor por Thomas Newcomen (1705) e seu aprimoramento por James Watt (1765) representaram o ponto de partida para a consolidação do transporte ferroviário. Em 1814, George Stephenson apresentou publicamente a primeira locomotiva, inaugurando uma nova era na mobilidade terrestre. Na Europa, o desenvolvimento das ferrovias acompanhou o crescimento industrial, tornando-se instrumento essencial para o transporte de cargas e pessoas.

Paralelamente ao uso comercial, a ferrovia passou a oferecer uma experiência única de viagem. O turismo ferroviário emergiu como uma nova forma de lazer, associando deslocamento ao prazer de contemplar paisagens e viver experiências culturais. Um dos exemplos mais emblemáticos é o Expresso do Oriente, que desde sua criação em 1883 simbolizou luxo, diplomacia e sofisticação sobre trilhos, conectando Paris a Istambul.

Vantagens e Desvantagens do Transporte Ferroviário para o Turismo

As vantagens do transporte ferroviário são amplamente reconhecidas: menor custo por distância, maior capacidade de carga e eficiência energética. Além disso, os trens são independentes das condições atmosféricas e ideais para transportar grandes volumes com menor impacto ambiental. É possível composições que combinem vagões de carga e de passageiros, garantindo viabilidade econômica para os operadores.

Contudo, apresentam também limitações, como a inflexibilidade de rotas, a necessidade de transbordos e a baixa competitividade em curtas distâncias. No âmbito turístico, esses obstáculos podem ser contornados por meio de roteiros bem planejados, integrações modais e oferta de serviços diferenciados.

Países com uma malha capilarizada de trilhos possuem uma vantagem competitiva muito grande quando falamos do setor turístico, pois consegue superar as limitações apontadas acima.

Figura 4.1: Itália: Rede Ferroviária

(Imagem meramente ilustrativa)
Fonte: Mominitaly.com.

O turismo ferroviário de longa distância tem se firmado como produto de excelência. Roteiros como a Transiberiana (Pequim-Moscou), Rovos Rail (África), Seven Star Kyushu (Japão), Andean Explorer (Peru), Glacier Express (Suíça), Rocky Mountaineer (Canadá) e Indian Pacific (Austrália) são referências internacionais em qualidade, paisagem e exclusividade. Esses trens combinam conforto, história, serviços de alto padrão e contemplação ambiental, atraindo nichos específicos de turistas.

O Transporte Ferroviário Turístico no Brasil: História e Realidade Atual

O setor ferroviário nacional em seu contexto histórico e todo o longo, tortuoso e lento caminho que ele se insere em mais de 160 anos de estruturação pelo setor governamental. Se no seu início, no século XIX, o Governo tentou uma parceria com o setor privado para sua implantação, rapidamente ele não conseguiu atender às expectativas e necessidades do país.

Já na primeira metade do século XX, período que pode ser considerado de apogeu das ferrovias no Brasil, o que se percebeu foi uma série de mudanças institucionais que somadas à falta de diretrizes técnicas mínimas para o setor levaram a impossibilidade de existência de uma malha ferroviária única para todo o território nacional.

À medida que o setor rodoviário avançava em expansão e importância no Brasil, na segunda metade do século XX, o segmento ferroviário foi marcado pelo sucateamento e ausência de uma política de incentivos à padronização da malha e parcerias com o setor privado. Esse cenário culminou com a concessão da maioria da malha ferroviária nacional nos últimos anos desse século em um modelo que não garantiu melhoria na utilização do setor.

No começo do novo milênio, o governo voltou a apostar na centralização das ações para o aumento da malha viária utilizando uma empresa pública que demorou 26 anos para executar as obras de uma ferrovia de 1.550 km, média de 60 km por ano. E, quando esse governo despertou para a necessidade de realizar uma parceria efetiva com o setor privado, apresentou a empresa que será a representante no novo modelo de exploração do setor, responsável por garantir a operação do sistema: a VALEC, que em seu histórico deixa clara a sua baixa execução de sua principal atividade: a construção da FNS.

Figura 4.2: Brasil: Rede Ferroviária

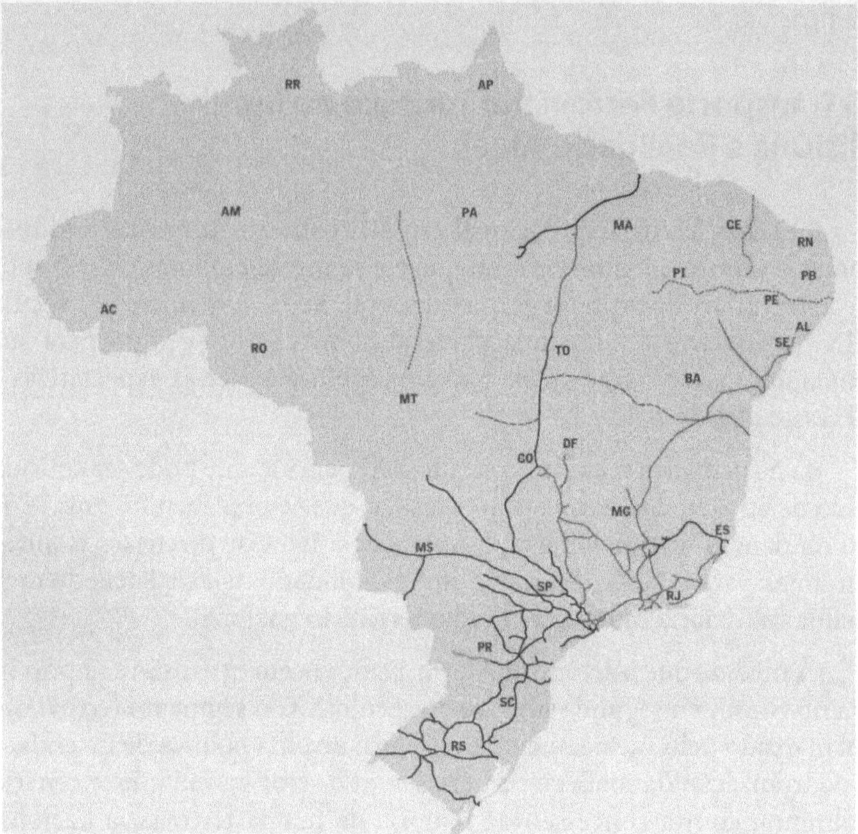

(Imagem meramente ilustrativa)
Fonte: Rio Grande do Sul - SPGG/DEPLAN, 2022.

Observando todo o histórico do setor e todas as dificuldades enfrentadas ao longo dos anos, surge uma possibilidade de transporte com características concorrenciais: o modelo de separação vertical, que pressupõe a existência de uma quantidade razoável de empresas ofertando tal serviço.

Dessa forma, o ideal seria que, se cumpridas as exigências técnicas estabelecidas pelos órgãos competentes, a qualquer interessado deveria ser possibilitada a entrada nesse mercado (redução das barreiras de entrada), possibilitando assim a abertura da concorrência. Ou seja, desde que cumpridas as exigências de capacidade técnica, por exemplo, a empresa teria o direito de receber a autorização para prestação dos serviços.

Ainda assim, não é possível afirmar sobre a real possibilidade de existência de um número adequado de prestadores de serviço de transporte (tanto de cargas próprias quanto de terceiros) sendo necessário analisar as economias de escala e o escopo desse mercado, bem como a teoria dos custos de transação.

Contudo, a Lei n° 14.273/2021 representa um divisor de águas na regulamentação ferroviária brasileira. Ao permitir a construção de ferrovias por autorização (modelo semelhante ao utilizado nos setores de energia e telecomunicações), facilita o ingresso de investimentos privados, inclusive para fins turísticos.

A lei também incentiva a reutilização de trechos ferroviários ociosos, favorecendo a criação de *short-lines* voltadas ao turismo regional. Essa perspectiva é promissora para a integração entre turismo, mobilidade sustentável e valorização do patrimônio ferroviário.

Mesmo com a baixa possibilidade de uso das ferrovias como transporte para uso de turistas, ainda assim temos excelentes exemplos de linhas que foram utilizadas com o propósito de atender o turismo. Atualmente, existem cerca de 32 trens turísticos em operação em 11 estados das regiões Sudeste, Sul e Centro-Oeste. Cada um desses roteiros oferece um recorte único da diversidade natural e cultural do país.

Rio de Janeiro: O Trem do Corcovado, com apenas 4 km de extensão, leva mais de um milhão de turistas ao Cristo Redentor anualmente, sendo um dos principais símbolos do turismo ferroviário brasileiro.

São Paulo: A Estrada de Ferro Campos do Jordão realiza trajetos românticos pela Serra da Mantiqueira, alcançando o ponto ferroviário mais alto do país (1.743 m).

Paraná: A Serra Verde Express oferece uma experiência temática de luxo, valorizando o charme das viagens ferroviárias da Belle Époque.

Minas Gerais: A Maria Fumaça entre São João del Rei e Tiradentes une patrimônio histórico, paisagem da Mata Atlântica e narrativa cultural. É um dos roteiros mais consolidados no segmento.

Espírito Santo: A Estrada de Ferro Vitória-Minas (EFVM) conecta Belo Horizonte a Vitória com 664 km de extensão, sendo uma das poucas linhas regulares de passageiros em operação no país.

Rio Grande do Sul: A Maria Fumaça de Bento Gonçalves a Carlos Barbosa oferece um passeio imersivo na cultura gaúcha, com apresentações artísticas e temáticas durante o percurso.

Pernambuco: O Trem do Forró, operado durante o período junino, transforma o percurso entre Recife e Caruaru em uma festa cultural móvel.

Tudo nos trilhos?[1]

O turismo ferroviário, ao articular deslocamento e experiência cultural, constitui-se como uma alternativa estratégica para a diversificação da oferta turística brasileira. Com capacidade para integrar desenvolvimento local, memória histórica e sustentabilidade, esse modal oferece oportunidades únicas de exploração econômica, educativa e ambiental.

A expansão do turismo ferroviário no Brasil depende de articulação intersetorial, investimentos em infraestrutura e políticas públicas voltadas à conservação e inovação. Iniciativas como as ferrovias temáticas, museus ferroviários e os trens de experiência sensorial consolidam-se como instrumentos eficazes de valorização do território e de suas expressões culturais, ações que fortalecem o setor do turismo.

1 um jargão para a conclusão!

Capítulo 5:

Transporte Aquaviário no Turismo

Navegar é preciso, viver não é preciso[2]

O transporte aquaviário se configura como uma das mais antigas e importantes formas de mobilidade humana, sendo fundamental tanto para o comércio global quanto para o desenvolvimento das atividades turísticas. Com a ampliação do interesse por experiências náuticas, o transporte aquaviário passou a desempenhar um papel estratégico no turismo contemporâneo, especialmente por meio dos cruzeiros e das atividades recreativas costeiras. Este capítulo propõe uma análise do turismo aquaviário a partir de suas tipologias, impactos econômicos, relação com os portos e potencialidades no Brasil, com foco especial na retomada pós-COVID-19.

Tipologias do Turismo Aquaviário

É importante começar este capítulo resolvendo uma questão de nomenclatura, que sempre vejo muita confusão. Vejo muitos livros que tratam o turismo marítimo como a única modalidade existente, mas existem outras práticas que não são só no mar. Em outros casos, uma mistura de terminologia.

Existem três terminologias de transportes aquaviários: **transporte marítimo, hidroviário** e **fluvial.** A diferença está relacionada ao tipo de corpo hídrico utilizado e à abrangência geográfica e operacional de cada modalidade. Esses termos são muitas vezes confundidos ou usados como sinônimos, mas na literatura técnica e nas políticas públicas de

2 Frase atribuída ao General Romano Pompeu por Plutarco (106-48 a.C.). Também citada por Camões e Fernando Pessoa.

transporte, especialmente em documentos como os da Agência Nacional de Transportes Aquaviários (ANTAQ) e da Organização Marítima Internacional (IMO), cada um possui um significado específico.

O **Transporte Marítimo** é o transporte de cargas e/ou passageiros realizado em águas oceânicas e mares abertos, geralmente entre portos marítimos localizados em diferentes países ou regiões costeiras. Costuma ter abrangência internacional ou intercontinental. Utiliza navios de grande porte, como cargueiros, petroleiros, porta-contêineres, e claro, no caso do turismo, os navios de cruzeiro. Esse transporte é altamente regulado por convenções internacionais (ex.: Convenção SOLAS, Convenção MARPOL) e dependente de portos marítimos estruturados e logística intermodal.

Nesse tipo de transporte temos a **Navegação de Cabotagem**: trata-se de navegação entre portos ou pontos situados no território nacional, utilizando a via marítima ou esta e as vias navegáveis interiores (Antaq, 2001)

Outro tipo de transporte, o **Hidroviário,** refere-se ao deslocamento realizado por vias navegáveis, sejam elas naturais ou artificiais, como rios, lagos, canais e represas. O termo é abrangente e engloba tanto o transporte fluvial quanto o lacustre e o marítimo de cabotagem em águas abrigadas. Trata-se de um termo genérico, macro, que inclui o transporte fluvial, lacustre e parte do marítimo, podendo ocorrer em âmbito interno (doméstico) ou regional.

Por fim, o **Transporte Fluvial** é realizado especificamente em rios navegáveis. Trata-se, portanto, de uma subcategoria do transporte hidroviário. Realizado em rios (naturais), com **navegação interior**, pode ser utilizado para carga e passageiros, especialmente em áreas remotas. Contudo, depende das condições de navegabilidade do rio (nível de água, presença de corredeiras etc.).

Considerando essas tipologias de transportes aquaviários, o turismo abrange uma gama variada de práticas e perfis de turistas. As principais categorias são:

a) **Navegação de Recreio** – Inclui atividades como vela de cruzeiro e outras formas de lazer. Essas práticas valorizam a contemplação da paisagem marítima, a autonomia de deslocamento e o prazer da navegação.
b) **Desportos Náuticos** – Compreendem práticas esportivas em ambientes aquáticos, como *windsurf, kitesurf, surf, bodyboard, rafting*, remo, canoagem, *kayak*, ski aquático, pesca desportiva, caça submarina e mergulho. Esses esportes atraem um perfil de turista mais ativo, aventureiro e com maior poder de consumo.
c) **Atividades Marítimo-Turísticas** – Envolvem embarcações de médio porte utilizadas em tráfego fluvial ou costeiro, incluindo pernoite ou passeios locais. Incluem também os grandes cruzeiros náuticos, considerados uma das mais completas expressões do turismo marítimo contemporâneo.

Os Cruzeiros Marítimos e a Economia do Turismo

Os cruzeiros marítimos são considerados uma das formas mais sofisticadas de turismo integrado. Essas embarcações não apenas transportam, mas oferecem hospedagem, gastronomia, entretenimento, lazer e consumo em um único ambiente flutuante.

Segundo dados pré-pandemia, o turismo marítimo representava 10,5% das receitas globais do setor, com crescimento anual de 3%. O turista praticante de atividades náuticas gasta, em média, US$ 80 por dia, enquanto o engajado em esportes náuticos pode gastar até US$ 250 por dia, evidenciando o alto potencial de geração de renda deste segmento (CLIA Brasil e FGV, 2024).

O desdobramento econômico é muito grande: alimentação de passageiros e tripulação, compra de suvenires, roupas, transportes; as armadoras pagam taxas portuárias, praticagem, serviços de atracação, combustíveis, empregos diretos e indiretos, conforme a Figura 5.1.

Figura 5.1: Impacto Econômico dos Cruzeiros Marítimos

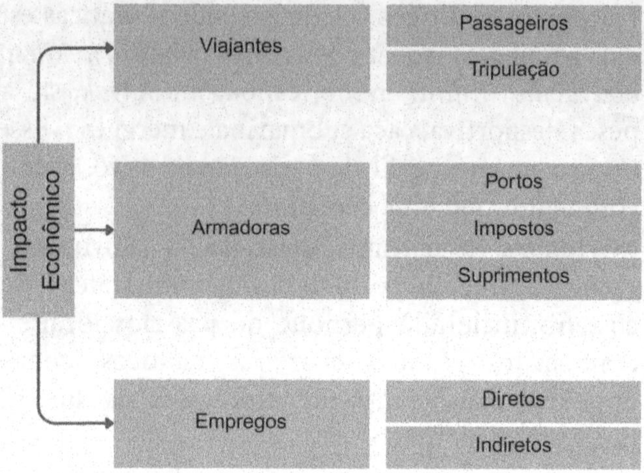

Fonte: Adaptado de CLIA Brasil e FGV, 2024.

Além disso, os cruzeiros impulsionam economias locais por meio de serviços agregados em terra, especialmente nos portos de embarque, desembarque e escala (Figura 5.2). Esses serviços incluem excursões, estadias pré-cruzeiro e pós-cruzeiro, transporte terrestre, gastronomia, artesanato e atividades culturais. O turismo de cruzeiro envolve três principais grupos de produtos e serviços comercializados em terra:

a) **Pré-cruzeiro e pós-cruzeiro** – Serviços voltados para passageiros que precisam de hospedagem, traslado ou experiências complementares antes do embarque ou após o desembarque. São comuns em portos distantes dos locais de origem dos viajantes, exigindo integração entre o transporte aéreo e o marítimo.

b) **Excursões em portos de escala** – Atividades de curta duração oferecidas nos destinos onde os navios fazem paradas. Apesar de rápidas, essas excursões são fundamentais para a movimentação da economia local.

c) **Pacotes completos** – Integram o cruzeiro com hospedagens e experiências turísticas em terra, exigindo oferta qualificada de serviços, infraestrutura turística e atratividade cultural.

Figura 5.2: Atividades Impactadas pelos Cruzeiros Marítimos

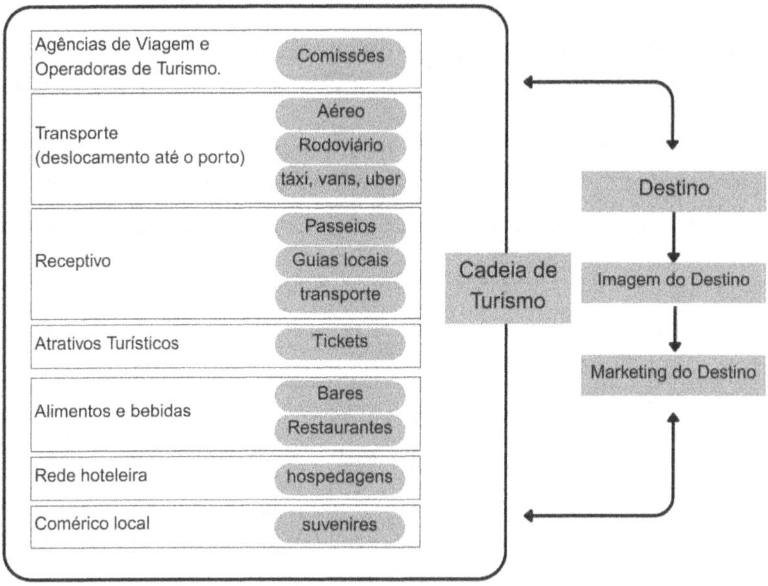

Fonte: Adaptado de (CLIA Brasil e FGV, p. 31, 2024).

Importante destacar que a efetividade do turismo de cruzeiros depende de múltiplos fatores:

- Tipo de porto (embarque, desembarque, escala);
- Tempo de permanência no porto;
- Momento da viagem (início, meio ou fim);
- Número de escalas no roteiro;
- Infraestrutura disponível nos destinos;
- Capacidade de atendimento às exigências dos navios e seus passageiros.

Portos preparados com terminais modernos, acessibilidade, segurança e conectividade atraem maior número de escalas e geram impactos econômicos mais significativos.

O Brasil no Cenário do Turismo Marítimo

O Brasil apresenta um vasto litoral com potencial para o turismo de cruzeiros e outras atividades marítimas. Apesar de obstáculos estruturais e regulatórios, o país tem demonstrado avanços significativos na ampliação e qualificação de sua oferta marítimo-turística.

O Brasil é atendido por duas empresas (MSC e Costa) que disponibilizam 9 navios:

Quadro 5.1: Oferta de Cruzeiros Marítimos Temporada 2023/2024

	Navio	Nº de leitos	Nº de tripulantes
MSC	Grandiosa	6.334	1.704
	Seaview	5.179	1.413
	Preziosa	4.345	1.388
	Armonia	2.579	780
	Lirica	2.579	732
	Música	3.013	987
COSTA	Diadema	4.947	1.253
	Fascinosa	3.800	1.110
	Favolosa	3.800	1.110

Fonte: CLIA Brasil e FGV (2024, p. 27).

Esses cruzeiros marítimos, na verdade, atendem o Brasil com "minicruzeiros", realizando viagens em navegação de cabotagem. Rotas como de Rio de Janeiro a Santos, Salvador ao Rio de Janeiro, Santos – Balneário Camboriú – Itajaí e Salvador – Ilhéus – Búzios e Ilha Grande. São no total 212 roteiros com 765 escalas. Também existem opções que saem do Brasil para o Uruguai e a Argentina.

Outras opções são os **Cruzeiros de Travessia**, que atravessam oceanos e continentes, com rápidas passagens pelo Brasil, como o Norwegian Star, da Norwegian Cruise Line, e o Deliziosa, da Costa.

A Pandemia e a Retomada do Turismo de Cruzeiros

A pandemia da COVID-19 impactou severamente o setor de cruzeiros, interrompendo as operações e gerando prejuízos bilionários. As embarcações foram um dos focos de disseminação do vírus em sua fase inicial, o que levou à suspensão global das atividades.

No entanto, a retomada tem ocorrido de forma gradual e planejada, com novos protocolos sanitários, readequação de serviços e campanhas de estímulo à confiança do consumidor.

Figura 5.3: Brasil: número de navios

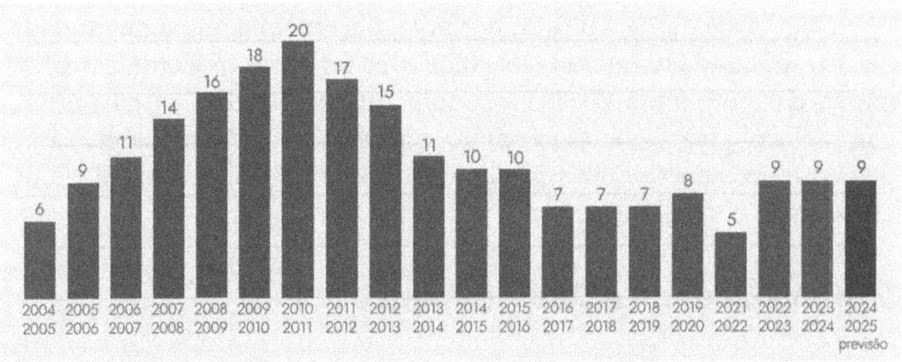

Fonte: CLIA Brasil e FGV (2024, p. 24).

As Figuras 5.3 e 5.4 apresentam uma história de passado glorioso do setor no Brasil (temporadas 2011/2012), um forte impacto da COVID-19 (temporada 2021/2022) e uma grande retomada, com perspectivas positivas para o futuro.

Figura 5.4: Brasil: número de cruzeiristas embarcados

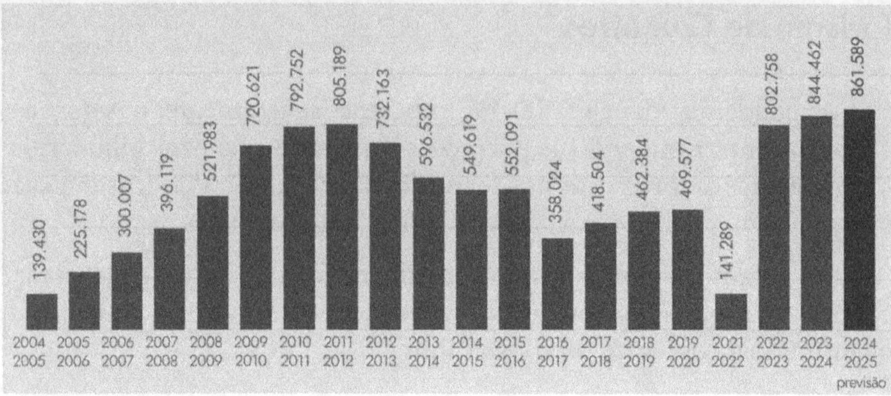

Fonte: CLIA Brasil e FGV (2024, p. 24).

Uma observação muito importante: observem como a quantidade de cruzeiristas da temporada de 2022/2023 foi superior à antiga melhor marca da temporada 2011/2012, com quase metade dos navios (17 contra 9 embarcações). Isso acontece graças ao avanço tecnológico, que nos entrega cada vez mais navios maiores, com maior capacidade de cruzeiristas e tripulantes.

Sustentabilidade e Desafios para o Futuro

Apesar dos avanços, o turismo marítimo enfrenta desafios relevantes relacionados à sustentabilidade ambiental e à pressão sobre ecossistemas costeiros. A emissão de poluentes, a geração de resíduos e o impacto sobre as comunidades locais exigem políticas rigorosas de gestão.

Empresas do setor têm investido em tecnologias mais limpas, como motores híbridos, sistemas de tratamento de água e energia solar. A certificação ambiental de navios e terminais também tem se expandido como forma de garantir a conformidade com metas globais de redução de impactos.

Além disso, é essencial fortalecer a infraestrutura portuária brasileira, fomentar a capacitação profissional e integrar o turismo marítimo com os demais modais e produtos turísticos do território nacional.

Hidrovias Turísticas

Nem só de Cruzeiros marítimos vive o turismo aquaviário: as hidrovias, ou vias navegáveis interiores, são importantes rotas para o transporte turístico em várias partes do mundo, oferecendo experiências culturais, históricas e cênicas únicas. No turismo, elas são exploradas através de cruzeiros fluviais, passeios de barco, travessias intermunicipais e até mesmo atividades de ecoturismo.

Segundo a Organização Mundial do Turismo (OMT) e estudos como os de Page (2019) e Cooper *et al.* (2018), o turismo em hidrovias depende de:

1) Navegabilidade permanente (infraestrutura de calado, eclusas, sinalização);
2) Integração com atrativos turísticos terrestres (cidades históricas, parques, comunidades);
3) Capacidade de oferta turística (embarcações seguras, serviços, guias, roteiros temáticos);
4) Sustentabilidade ambiental — especialmente em áreas como Amazônia e Pantanal, que exigem gestão cuidadosa dos impactos.

Aqui, podemos elencar as principais hidrovias com função e capacidade para atender o turismo:

1. Rio Danúbio (Europa Central e Oriental)

- Extensão: 2.850 km;
- Países envolvidos: Alemanha, Áustria, Eslováquia, Hungria, Croácia, Sérvia, Romênia, Bulgária, Moldávia e Ucrânia;
- Turismo: Cruzeiros fluviais de luxo entre cidades históricas como Viena, Budapeste e Bratislava;
- Importância: É a via navegável mais significativa da Europa para turismo fluvial internacional (ETC, 2023).

2. Rio Reno (Europa Ocidental)

- Extensão: 1.230 km;
- Países: Suíça, Alemanha, França, Países Baixos;
- Turismo: Cruzeiros entre Colônia, Koblenz e Amsterdam;
- Destaque: Região de vinhedos e castelos no Vale do Reno Médio Superior, patrimônio da UNESCO.

3. Rio Nilo (Egito)

- Extensão: 6.650 km (maior rio da África);
- Turismo: Cruzeiros entre Luxor e Assuã, com visita a templos faraônicos;
- Importância: Atividade turística consolidada, com grande valor histórico e arqueológico (Said, 2019).

4. Rio Mekong (Sudeste Asiático)

- Países: China, Mianmar, Laos, Tailândia, Camboja e Vietnã;
- Turismo: Cruzeiros fluviais entre Luang Prabang (Laos) e o delta do Mekong (Vietnã);
- Relevância: Integra o ecoturismo com turismo cultural e rural.

5. Mississippi River (EUA)

- Extensão: 3.780 km;
- Turismo: Cruzeiros temáticos entre Nova Orleans e St. Louis, com ambientação de época (*paddle steamers*).
- Foco: Turismo cultural, musical e histórico do sul dos EUA.

O Brasil possui aproximadamente 63 mil km de hidrovias naturais (ANA, 2020), com um enorme potencial turístico, especialmente em rios navegáveis da Amazônia, do Pantanal e do interior do Sudeste e Sul. Alguns exemplos que já são realidade:

1. Rio Amazonas e afluentes (Região Norte)

- Extensão navegável: 20 mil km;
- Turismo: Cruzeiros amazônicos entre Manaus, Santarém, Belém e Iquitos (Peru);
- Modalidades: Ecoturismo, turismo científico, cultural (ribeirinho e indígena);
- Importância: Considerada uma das hidrovias naturais mais importantes do planeta (IBGE, 2019).

2. Rio São Francisco (Nordeste, Sudeste)

- Trecho turístico: entre Pirapora (MG), Petrolina (PE) e Juazeiro (BA);
- Turismo: Passeios em barcos regionais (chalanas), roteiros históricos e gastronômicos;
- Importância: Eixo de integração histórica, cultural e social (Corrêa, 2022).

3. Rio Paraguai (Pantanal – MS e MT)

- Extensão navegável: ~3.400 km;
- Turismo: Cruzeiros de pesca esportiva, observação de fauna pantaneira, expedições científicas;
- Destaque: Turismo de base ecológica em Corumbá e Cáceres.

4. Rio Tocantins-Araguaia (Centro-Norte)

- Turismo: Em expansão, com passeios regionais e integração com o turismo de aventura (ex.: Ilha do Bananal);
- Desafios: Oscilação sazonal de navegabilidade e estrutura portuária precária.

5. Hidrovia do Tietê-Paraná (SP, MS, GO, PR, MG)

- Potencial turístico: Turismo náutico, eventos e atividades recreativas no entorno das represas e canais do Tietê (ex.: Barra Bonita);
- Infraestrutura: Eclusas navegáveis, marinas e turismo de final de semana.

As hidrovias urbanas também podem ser uma alternativa para resolução do transporte dentro de metrópoles, não só para o deslocamento de turistas, mas também para seus habitantes. Um estudo realizado por Barros *et. al*, (2018) faz importantes contribuições, simulando a substituição de transporte motorizado na cidade de São Paulo pelo uso do rio Tietê, com balsas para passageiros, além da redução de emissões de CO_2.

Todos a bordo?[3]

O transporte aquaviário, em sua vertente turística, representa uma oportunidade estratégica para o Brasil. Ao combinar deslocamento, hospedagem, lazer e cultura, os cruzeiros e demais atividades náuticas contribuem para a diversificação da economia turística, a geração de emprego e a valorização do patrimônio natural.

A consolidação do turismo marítimo requer planejamento de longo prazo e a articulação de políticas de desenvolvimento costeiro com critérios de sustentabilidade, inovação e inclusão. Ao olhar para o mar, o Brasil encontra não apenas uma fronteira física, mas uma plataforma de crescimento, experiência e conexão com o mundo. Ao olhar para dentro, encontra uma navegação de interior com potencial de promover desenvolvimento econômico.

3 Mais um jargão – desculpa, caro leitor.

Capítulo 6:

Transporte Rodoviário e o Turismo Doméstico

O transporte rodoviário constitui a espinha dorsal da mobilidade terrestre no Brasil, sendo responsável por uma expressiva parcela do deslocamento de passageiros entre municípios e estados. Sua importância para o turismo é indiscutível, uma vez que proporciona acessibilidade a destinos turísticos diversos, incluindo aqueles não contemplados pelas redes aérea ou ferroviária. Este capítulo discute o papel do transporte rodoviário no turismo, os marcos legais que regulamentam sua operação, o conceito de circuito fechado e os desafios enfrentados pelo setor.

O Transporte Rodoviário no Brasil: Panorama Geral

O Brasil possui uma malha rodoviária superior a 1,7 milhão de quilômetros, sendo cerca de 12% pavimentada. Apesar das deficiências estruturais, o modo rodoviário é o principal meio de transporte de passageiros no território nacional. Sua capilaridade permite alcançar áreas remotas e conectar grandes centros urbanos, sendo essencial para a viabilidade de roteiros turísticos nacionais, regionais e intermunicipais.

Anualmente, são emitidas em média 80 milhões de passagens (considerando viagens intermunicipais e interestaduais). Para ter uma noção da magnitude deste número, a empresa alemã FlixBus, em 2019, vendeu 62 milhões de passagens em todos os 30 países que opera.

As viagens rodoviárias têm custo muito acessível em comparação, por exemplo, com o transporte aéreo, o que favorece sua utilização por diferentes segmentos da população. Também é possível ter viagens com poltronas mais confortáveis no transporte rodoviário do que no aéreo. Além disso, a flexibilidade de rotas e horários proporciona maior diversidade na configuração de pacotes turísticos, tanto para turismo de lazer quanto de negócios, religioso, ecológico ou pedagógico.

Regulação e Impedimentos Legais

O transporte rodoviário de passageiros, quando operado com fins turísticos, está submetido a regulamentações específicas, especialmente no âmbito interestadual. O Decreto nº 2.521, de 20 de março de 1998, dispõe sobre a exploração dos serviços de transporte rodoviário interestadual e internacional, sendo fiscalizado pela Agência Nacional de Transportes Terrestres (ANTT).

Segundo o artigo 3º, inciso XI, do referido decreto, o fretamento eventual ou turístico é definido como serviço prestado a um grupo de pessoas, em circuito fechado, com emissão de nota fiscal e lista nominal dos passageiros, devendo contar com autorização prévia da ANTT. Ainda conforme os artigos 35 e 36, esses serviços são considerados "especiais", de caráter ocasional, não podendo configurar operação regular ou contínua, e exigem autorização mesmo quando não há licitação.

O conceito de circuito fechado é central para a legalidade do fretamento turístico: significa que o embarque e desembarque ocorrem nos mesmos pontos e que o grupo é predefinido, sem comercialização individualizada de passagens.

As empresas que operam no regime de fretamento turístico devem respeitar uma série de exigências legais, incluindo:

- Emissão de licença específica para cada viagem;
- Apresentação da lista completa dos passageiros;
- Emissão de nota fiscal correspondente ao serviço;
- Realização da viagem em veículo licenciado para transporte coletivo;
- Observância aos limites de operação definidos pela ANTT.

O objetivo dessas normas é evitar concorrência desleal com os serviços regulares de transporte, garantir a segurança dos usuários e preservar a integridade do sistema viário, contudo trazem um efeito reverso: a maioria das linhas tem geralmente, no máximo, três grupos econômicos em atuação, impedindo que a competitividade traga opções de horários e preços aos viajantes. Outro grande problema é que, dos 5.570 municípios brasileiros, apenas 2.160 possuem linhas de ônibus interestadual.

A Relevância do Transporte Rodoviário para o Turismo

O transporte rodoviário é o principal meio de acesso a uma infinidade de atrativos turísticos brasileiros, especialmente os localizados fora dos grandes eixos urbanos ou aeroportuários. Cidades históricas, balneários, parques naturais, comunidades rurais e eventos culturais frequentemente dependem exclusivamente do modal rodoviário para receber visitantes.

Além disso, o transporte por ônibus e vans permite a personalização de roteiros, o que agrega valor à experiência turística. Grupos de estudantes, peregrinos, excursionistas e participantes de eventos temáticos frequentemente utilizam esse tipo de serviço para se deslocar com segurança e conforto.

O turismo de proximidade tem ganhado força, especialmente após a pandemia da COVID-19. Viagens curtas, realizadas por rodovias, tornaram-se alternativas viáveis e seguras para famílias, escolas e pequenos grupos. Nesse contexto, o ônibus turístico torna-se vetor de dinamização econômica, movimentando hospedagens, gastronomia, atrativos e comércio local.

Exemplos incluem roteiros enoturísticos no Sul do país, circuitos religiosos em Minas Gerais e Goiás, e passeios ecológicos no Centro-Oeste e Norte. A flexibilidade de itinerários permite, ainda, a inclusão de paradas estratégicas, o que enriquece a vivência cultural e natural dos turistas.

Desafios do Transporte Rodoviário no Turismo

Apesar de sua relevância, o transporte rodoviário enfrenta desafios que impactam diretamente a qualidade da experiência turística:

- Infraestrutura precária: muitas rodovias são malconservadas, com sinalização deficiente e riscos de segurança;
- Burocracia regulatória: a obtenção de autorizações de viagem pode ser morosa, o que desestimula operadores informais a se regularizarem;
- Concorrência desleal: empresas clandestinas comprometem a segurança dos passageiros e a sustentabilidade das operadoras regulares;
- Falta de terminais turísticos adequados: a ausência de infraestrutura voltada ao receptivo de turistas limita o conforto e a organização da viagem.

Perspectivas futuras: próximas paradas[4]

A modernização do transporte rodoviário turístico passa pela adoção de tecnologias sustentáveis e práticas inovadoras. Veículos com menor emissão de poluentes, sistemas inteligentes de gestão de frota, wi-fi embarcado e integração com aplicativos de turismo tornam o modal mais atrativo e competitivo.

Além disso, ações de capacitação de motoristas e guias turísticos, parcerias com atrativos e roteirização colaborativa são fundamentais para qualificar a experiência do turista. O ônibus turístico deixa de ser apenas um meio de deslocamento e passa a compor o produto turístico como um todo.

A tendência de crescimento do turismo regional e de proximidade favorece a valorização do transporte rodoviário. O fortalecimento de políticas públicas voltadas à mobilidade turística, a revisão do marco regulatório e os incentivos à formalização de operadores podem ampliar a participação do modal no desenvolvimento territorial sustentável.

4 Prometo que foi o último jargão.

A intermodalidade, combinando ônibus com trens, aviões e transportes alternativos, pode promover maior fluidez e integração entre destinos. Investimentos em infraestrutura, inovação e planejamento territorial são indispensáveis para transformar o transporte rodoviário em um diferencial competitivo do turismo brasileiro.

O transporte rodoviário é peça-chave na estruturação do turismo nacional. Sua capilaridade, flexibilidade e custo acessível o tornam fundamental para a democratização do acesso ao turismo. Para que este potencial se realize plenamente, é necessário articular legislação, infraestrutura, inovação e qualificação dos serviços, visando oferecer ao turista uma experiência segura, confortável e enriquecedora.

Texto para reflexão

O Futuro do Turismo Rodoviário no Brasil: Entre a Tradição e a Transformação Digital

O transporte rodoviário é a espinha dorsal do turismo no Brasil, funcionando como um pilar estratégico que conecta um vasto território e democratiza o acesso a mais de 6.800 localidades — um número que supera a totalidade de municípios oficiais do país. Sua importância é inegável: uma pesquisa da Google/Offerwise revela que 74% dos brasileiros viajaram de ônibus no último ano, um contingente mais que o dobro dos 32% que utilizaram o avião. Esses dados confirmam o papel central dos ônibus na mobilidade e no turismo nacional, sustentando um mercado que movimenta anualmente entre 160 e 170 milhões de passagens, considerando rotas interestaduais e intermunicipais.

Os maiores obstáculos à modernização do transporte rodoviário são de natureza regulatória. Embora a regulação seja uma realidade global, exemplos internacionais mostram que a inovação é possível. Na Alemanha, a modernização das regras a partir de 2013 abriu caminho para o sucesso da FlixBus, que se tornou líder na Europa. No Brasil, um movimento semelhante de aprimoramento regulatório ocorre desde 2019, mas sua lentidão, causada pelo grande número de partes interessadas, perpetua um cenário de alta concentração de mercado, baixa concorrência e preços elevados para o consumidor.

A visão macro de que o setor é competitivo, com mais de 200 operadores, é enganosa. Uma análise microeconômica revela que, na prática, a competição é limitada. Mesmo nas rotas mais importantes do país, o serviço é dominado por poucas empresas.

Para Daniel Mello, Diretor de Estratégia da ClickBus, o setor enfrenta outro grande desafio: a transição digital. Cerca de 65% a 70% das vendas ainda acontecem de forma presencial nos guichês das rodoviárias. Apenas uma fatia de 30% a 35% das transações é realizada por meio de plataformas digitais. Curiosamente, muitos dos clientes que preferem o guichê já são usuários de smartphones e estão familiarizados com o e-commerce. Um estudo da ClickBus aponta que essa preferência está ligada a hábitos consolidados e a uma maior sensação de segurança no atendimento físico. Em contrapartida, o consumidor digital busca economia, agilidade e autonomia. Esse cenário revela um imenso potencial de crescimento para o mercado online, que pode oferecer mais conveniência, segurança e ofertas personalizadas. O sucesso dessa migração depende de investimentos em tecnologia de ponta, como inteligência artificial e análise de dados, aliados a um branding forte e um serviço de atendimento de excelência.

Outro ponto importante é que a demanda no transporte rodoviário brasileiro é marcada por flutuações sazonais. Períodos como Natal, Ano Novo e Carnaval impulsionam um crescimento expressivo no volume de passageiros, especialmente em rotas que ligam o interior às capitais e aos destinos litorâneos. Grandes eventos culturais e esportivos, como o Rock in Rio e shows de artistas internacionais, também geram picos de procura, atraindo viajantes de diversas cidades para os grandes centros urbanos. Essa dinâmica sazonal reforça o valor do transporte rodoviário como uma solução flexível e acessível para atender aos momentos de alta demanda.

A adaptabilidade do setor rodoviário se manifesta também nas tendências de viagem que variam conforme a região. Dados da ClickBus mostram um interesse crescente pelo interior do Brasil, com um aumento de até 146% nas buscas por esses destinos entre 2019 e 2023. As regiões Centro-Oeste e Norte lideram essa tendência, impulsionadas pelo ecoturismo. Paralelamente, rotas tradicionais mantêm sua força. No Sudeste, os trajetos entre São Paulo, Rio de Janeiro e Santos são os mais movimentados. No Sul, as conexões entre Florianópolis, Porto Alegre e Balneário Camboriú são altamente procuradas. Essa diversidade reflete o desejo do brasileiro de explorar o país, seja em praias (cujo crescimento foi de 128%), no interior ou nas capitais, buscando sempre flexibilidade e um bom custo-benefício.

Para reverter essa situação, três mudanças regulatórias são cruciais. Primeiro, é preciso aumentar a flexibilidade no gerenciamento de rotas, simplificando a criação e o cancelamento de linhas. Segundo os critérios para definir a inviabilidade operacional e econômica de uma rota precisam ser objetivos; o ideal é que o próprio mercado regule essa questão. Terceiro, é fundamental flexibilizar as exigências de frota e capital social, que hoje funcionam como barreiras de entrada para pequenos e médios empreendedores.

A implementação dessas medidas, combinada com as tecnologias já disponíveis para monitoramento, previsão de demanda e precificação inteligente, criaria um ambiente mais competitivo. O resultado seria a redução dos preços, a melhoria da qualidade dos serviços e a garantia da segurança e da rentabilidade das operações. Em um país com o potencial do Brasil, um ambiente regulatório pró-concorrência é o caminho para que mais brasileiros possam viajar melhor.

Capítulo 7:
Planejamento e Gestão dos Transportes Turísticos

O transporte turístico se refere a todas as formas de deslocamento realizadas com a finalidade de turismo, abrangendo os modais rodoviário, aéreo, ferroviário, marítimo e alternativos (bicicletas, bondes, teleféricos, entre outros). De acordo com Page (2009), o transporte é simultaneamente meio e parte da experiência turística, sendo tanto facilitador do acesso quanto componente da vivência no destino.

O crescimento do turismo internacional e a busca por experiências integradas demandam soluções logísticas inovadoras. Para Hall (2005), a conectividade entre pontos de origem e destino, bem como a fluidez nos deslocamentos internos, são determinantes da atratividade dos destinos. Assim, a gestão do transporte turístico deve considerar aspectos como intermodalidade, tempo de deslocamento, conforto, segurança, sustentabilidade e custo.

Além disso, em destinos emergentes e em territórios com desigualdades estruturais, o transporte turístico pode exercer papel de inclusão, conectando populações locais a mercados e serviços e promovendo integração regional. Esse aspecto reforça a importância de políticas e planejamentos que transcendam o caráter logístico e valorizem a dimensão social do transporte.

Políticas Públicas para o Transporte Turístico

As políticas públicas voltadas ao transporte turístico têm como função primordial criar um ambiente institucional, normativo e operacional que favoreça a mobilidade turística. No Brasil, esse campo tem se desenvolvido a partir de iniciativas federais, estaduais e municipais, com ações voltadas tanto à infraestrutura quanto à regulação, ao planejamento e ao fomento.

A Política Nacional de Turismo (Lei nº 11.771/2008) já reconhecia a mobilidade como fator estratégico para o desenvolvimento do setor. Entretanto, é a integração entre o Plano Nacional de Logística de Transportes (PNLT) e os Planos Estaduais e Regionais de Turismo que tem proporcionado avanços mais significativos. Conforme apontam Dias e Cassar (2012), a ausência de planejamento integrado historicamente dificultou o alinhamento entre obras de infraestrutura e as demandas do setor turístico.

Exemplos de políticas públicas relevantes incluem:

- A concessão de terminais turísticos (como aeroportos e rodoviárias) à iniciativa privada, com exigência de padrões de qualidade;
- O incentivo à aviação regional, por meio do Programa de Desenvolvimento da Aviação Regional (PDAR);
- O fomento à mobilidade urbana turística em cidades históricas, como o PAC Cidades Históricas.

Em nível internacional, experiências como o Plano Nacional de Mobilidade Turística da França e os fundos de mobilidade sustentável da União Europeia mostram a importância de articular políticas de transporte com diretrizes ambientais e culturais, ampliando a sinergia entre turismo, mobilidade e território.

Gestão Integrada e Intermodalidade no Transporte Turístico

A gestão integrada pressupõe a coordenação de diferentes agentes públicos e privados em torno de objetivos comuns. No transporte turístico, isso significa articular operadores, gestores de destinos, governos, empresas de transporte, agências de turismo e sociedade civil.

A intermodalidade, conceito central nesse processo, refere-se à utilização coordenada de diferentes modais em uma mesma jornada turística, otimizando tempo, recursos e conforto. Segundo Rodrigue *et al.* (2017), a intermodalidade turística é essencial em destinos complexos e em viagens de longa distância, como aquelas que envolvem aeroportos, trens, ônibus e veículos de transporte por aplicativo.

A integração tarifária, a sincronia de horários, a facilidade de transferência e a acessibilidade universal são condições indispensáveis para uma gestão eficiente. Um exemplo exitoso pode ser observado em países europeus, como a Suíça, onde o *Swiss Travel Pass* permite ao turista utilizar diferentes modais com um único bilhete, simplificando a experiência.

Planejamento Estratégico para Transportes em Destinos Turísticos

A gestão do transporte turístico exige um planejamento estratégico alinhado às características do território e à dinâmica da demanda. O planejamento deve ser orientado por diagnósticos precisos, projeções de crescimento e metas alinhadas aos objetivos do destino.

Entre os principais componentes do planejamento estratégico destacam-se:

- **Análise da demanda turística**: identificação dos fluxos turísticos, perfis de visitantes, sazonalidade e padrões de consumo. A análise da demanda orienta a definição de rotas, frequências, capacidade e horários dos serviços de transporte.
- **Estudo da oferta de transporte**: inventário dos modais disponíveis, operadores, infraestrutura existente, gargalos e oportunidades de expansão.
- **Avaliação da acessibilidade**: análise da facilidade de chegada e circulação no destino para diferentes perfis de turistas, incluindo idosos, pessoas com deficiência, crianças e estrangeiros. A acessibilidade é uma condição de equidade e deve ser integrada ao planejamento urbano e de transportes.
- **Matriz SWOT da mobilidade turística**: identificação das forças, fraquezas, oportunidades e ameaças para o sistema de transporte do destino.

- **Definição de estratégias integradas**: formulação de projetos estruturantes, parcerias público-privadas, planos de contingência, indicadores de monitoramento e revisão periódica das ações.

Um modelo eficaz de planejamento deve envolver consultas públicas, análise espacial dos fluxos turísticos e a adoção de sistemas de informação geográfica (SIG) para subsidiar decisões.

Tecnologias Digitais e Inovação na Gestão do Transporte Turístico

O avanço das tecnologias digitais tem transformado profundamente a gestão dos transportes turísticos. Ferramentas como sistemas inteligentes de transporte (ITS), aplicativos de mobilidade, plataformas de geolocalização e inteligência artificial contribuem para maior previsibilidade, personalização e eficiência nos deslocamentos.

Para Buhalis e Amaranggana (2015), o conceito de destinos inteligentes (*smart destinations*) inclui a mobilidade como um dos seus eixos estruturantes. A oferta de informações em tempo real, a reserva de passagens integradas, a gestão do fluxo turístico e a análise preditiva são elementos que aumentam a competitividade do destino.

No Brasil, iniciativas como o programa Turismo 4.0 (do Ministério do Turismo) têm buscado aproximar inovação e gestão pública, com foco na digitalização de serviços e na governança orientada por dados. No entanto, o país ainda enfrenta desafios de conectividade, interoperabilidade de sistemas e qualificação profissional para operar tais ferramentas.

A Experiência Turística e a Qualidade dos Serviços de Transporte

A percepção do turista em relação ao transporte influencia diretamente sua avaliação do destino. Conforto, segurança, pontualidade, clareza na comunicação e cordialidade no atendimento são critérios centrais. Segundo a Organização Mundial do Turismo (OMT, 2019), a experiência de mobilidade é parte da hospitalidade ampliada que os destinos devem oferecer.

A gestão da experiência requer mapeamento da jornada do turista, identificação de pontos críticos (gargalos, atrasos, desinformação) e a proposição de soluções orientadas pelo usuário. Estudos como o de Pine e Gilmore (1999) reforçam que a diferenciação no turismo contemporâneo está ligada à capacidade de gerar experiências memoráveis, sendo o transporte um elemento-chave nesse processo.

A aplicação de métricas de satisfação, como o Net Promoter Score (NPS), e de mecanismos de escuta ativa (pesquisas, ouvidorias, redes sociais) são práticas recomendadas para a melhoria contínua dos serviços.

Sustentabilidade na Gestão do Transporte Turístico

A mobilidade sustentável é uma exigência do turismo do século XXI. A crescente consciência ambiental e os compromissos internacionais de redução de emissões impõem às gestões turísticas a adoção de práticas verdes. O transporte responde por uma parcela significativa das emissões de gases de efeito estufa (GEE) do setor turístico, especialmente no modal aéreo e rodoviário individual.

Nesse sentido, a gestão deve priorizar:

- O incentivo ao transporte coletivo e de baixa emissão;
- A introdução de veículos elétricos e híbridos nas frotas turísticas;
- A valorização da mobilidade ativa (caminhada, bicicleta);
- O planejamento territorial que favoreça deslocamentos curtos e acessíveis.

Para Gössling e Hall (2006), a sustentabilidade da mobilidade turística só será alcançada com a integração de políticas urbanas, ambientais e de transporte, articuladas com as estratégias de desenvolvimento turístico. Programas como o Green Transport Corridors, implantado em países nórdicos, exemplificam boas práticas de estímulo à eficiência logística com respeito aos limites ecológicos dos destinos.

Diversas experiências internacionais ilustram como a gestão integrada e as políticas públicas bem estruturadas podem potencializar a mobilidade turística:

- **Barcelona, Espanha:** o modelo de gestão turística incorpora o conceito de mobilidade sustentável, com ênfase no transporte público, ciclovias turísticas e limitação da entrada de veículos em áreas históricas.
- **Singapura:** sistema de transporte intermodal inteligente, com uso de big data para gestão do fluxo turístico e integração tarifária entre modais.
- **Curitiba, Brasil:** exemplo de integração entre urbanismo e mobilidade, com corredores exclusivos de ônibus e terminais que facilitam o deslocamento de turistas e moradores.
- **Paraty, Brasil:** projeto de gestão participativa que inclui o transporte marítimo como parte da experiência turística, com regulamentação de embarcações e qualificação de operadores locais.
- **Japão:** uso do Japan Rail Pass como exemplo de integração nacional da malha ferroviária voltada ao turista, combinando conforto, rapidez e acesso aos principais atrativos culturais do país.

Esses exemplos reforçam a importância da governança colaborativa, da inovação e do planejamento territorial orientado pela experiência do usuário.

A gestão do transporte turístico é elemento essencial para a competitividade dos destinos e para a qualidade da experiência do turista. Políticas públicas bem delineadas, associadas à gestão integrada, ao planejamento estratégico e ao uso estratégico da tecnologia, são caminhos para a construção de uma mobilidade turística eficiente, sustentável e inclusiva.

A superação dos desafios requer vontade política, participação social e uma nova visão de planejamento territorial, que valorize a experiência do deslocamento como parte integrante da hospitalidade turística. O futuro da mobilidade no turismo passa pela capacidade de transformar o trajeto em experiência, o transporte em serviço, e a viagem em vivência memorável.

Mobilidade Urbana e seu Impacto no Turismo

O turista urbano busca os elementos da paisagem, os espaços construídos e o movimento da vida. As cidades são representações fiéis dos movimentos sociais e as cidades modernas apresentam áreas de especialização que deixam marcas particulares na paisagem – identidade. A imagem de um lugar pode variar significativamente dependendo da formação e sensibilidade do observador no tempo. A paisagem urbana se apresenta em seis componentes: **forma, identidade, função, estrutura, processo e significado.**

Nesse sentido, os aspectos da paisagem urbana, para uso no turismo são: agradabilidade estética; paisagem construída e os caminhos; facilidade de fluxo de pessoas e veículos; serviços urbanos – água, esgoto, iluminação; equipamentos de apoio (restaurantes, teatros...), e; mobiliário urbano – placas, bancos, lixeiras, jardins.

Para Paranaiba e Barbosa (2020) é de grande importância a boa qualidade do transporte urbano sob o olhar do turista, o que influencia na economia do turismo de uma região, desencadeando preocupação diante deste produto turístico. Alguns exemplos da intervenção do meio de transporte que refletem na qualidade do serviço turístico estão nos terminais, nas vias, nos tipos de veículos, nos serviços e nos equipamentos de apoio ao viajante.

Admite-se que, a partir de uma estratégia econômica política, o transporte e o turismo vêm sendo considerados de grande relevância no desenvolvimento do território. Para Palhares (2005, p. 124), "a ótica territorial institui-se como ferramenta técnica e conceitual para a concepção de políticas e de planejamento territorial, sobretudo ao possibilitar a análise das regiões turísticas quanto à dotação de infraestrutura e de serviços de transportes".

É primordial a escolha através das características físicas/naturais dos destinos turísticos para que se possa determinar a modalidade, a tecnologia e o tipo de infraestrutura de transporte que melhor atenderá às necessidades do turista (Palhares, 2005; 2006). Observando agentes econômicos para a geração de atividades no turismo urbano, bem como sua inter-relação na Figura 7.1, abaixo:

Figura 7.1: Integração das atividades econômicas do Turismo Urbano

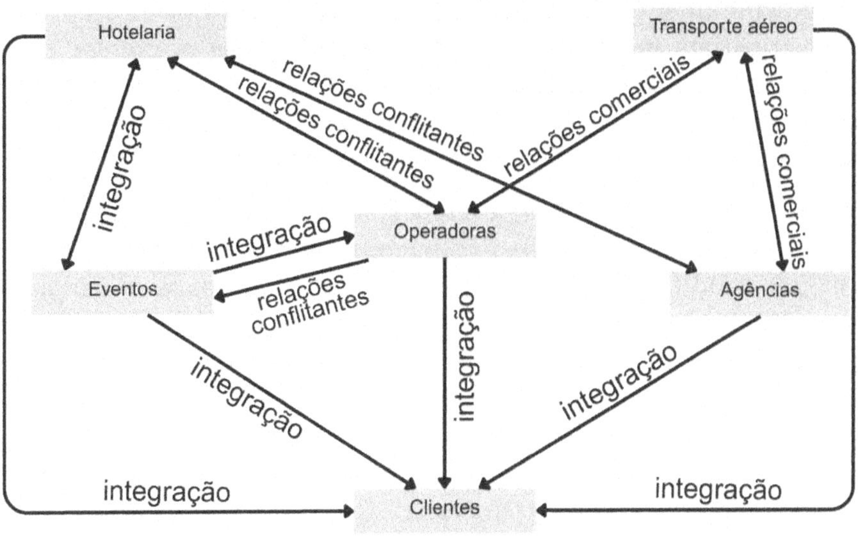

Fonte: Donaire, *et al* (2009, p.129).

A Hospedagem, que para Carvalho (2000) representa a base da indústria do turismo, assume papel vital para a realização da atividade turística nas cidades. Os eventos são os motivadores do turismo de negócios, sendo ofertados pelas agências que impulsionam tanto as viagens relacionadas a eles quanto a organização dos próprios eventos (Wahab, 1977)

Existe uma forte relação entre hospedagem, transporte e eventos, especialmente no tocante espacial: a combinação Hotel-Transporte-Evento e sua distribuição dentro da cidade podem ser vitais para a escolha do cliente deste segmento turístico. Eventos com fácil acesso dentro da malha urbana, rede hoteleira que garanta a mobilidade dentro da cidade e na formação de rotas para os destinos das reuniões, congressos, feiras e eventos, e disponibilidade de condições urbanas de transporte, seja motorizado, ou ativo (pedestres e ciclovias).

Para Paranaiba (2018), as cidades modernas apresentam desafios na combinação espaço e tempo de viagens, e muito do planejamento desconsidera as adversidades do cotidiano das pessoas, e a mobilidade turística vem sendo negligenciada. As pessoas se movimentam dentro do espaço urbano para realizar suas atividades e interações sociais:

trabalho, lazer, compras, estudos, entre outros. Na engenharia de tráfego é muito comum a definição desses locais como polos de atração, e as pessoas realizam movimentos pendulares para se deslocar entre esses locais atratores e as residências e/ou trabalho. Nesse caso específico, o deslocamento entre hotel, feiras, eventos e demais atrativos turísticos (bares, restaurantes, teatros e centro de convenções).

Porém, Medeiros (2013) e Hillier *et al.* (1993) apontam que as teorias de atração, para estimar os fluxos de movimento, como pressuposto aos estudos de origem-destino, provocam um equívoco na forma de conceber as vias que serão usadas, e, por conseguinte, planejadas para a cidade. Para esses autores, existe algo a mais para ser analisado sobre o comportamento humano e seu movimento dentro de uma estrutura urbana: a configuração do que está entre a origem e o destino. Serão os vazios que estão entre os espaços construídos que irão caracterizar o movimento entre os polos atratores, sendo esses vazios os responsáveis pela rede articulada de caminhos na cidade. A configuração da malha no percurso irá facilitar ou dificultar, promover ou restringir este movimento (Medeiros, 2013).

"O movimento ao longo das ruas que compõem uma rede é mais influenciado pela posição de cada rua dentro de toda a rede que por qualidades imediatamente locais daquela rua" (Major *et al.*, 1997, p. 42). Uma combinação entre movimento, configuração e atração é o que define o movimento natural, sob a lógica do ciclo do movimento (Hillier, *et al.* 1993; Medeiros, 2013).

Assim, é importante considerar a multidisciplinaridade das políticas públicas para o transporte turístico dentro das cidades, para garantir a mobilidade urbana e acesso dos turistas. Trata-se de um grande desafio, pois as cidades e metrópoles possuem dificuldade para garantir isso até mesmo para seus moradores residentes.

Texto para reflexão

Mobilidade Urbana: As dimensões do problema

O que contribuiu para o surgimento das cidades ao longo da história? Uma região capaz de oferecer subsídios para as necessidades alcançáveis em caminhadas diárias, e que ao mesmo tempo fosse possível defender de ameaças externas, seria uma combinação perfeita para o surgimento de algo se se tornaria a base da civilização moderna.

E o que favoreceu o crescimento destas? Sem dúvidas foi a melhoria no uso de uma dimensão não especial: o tempo. A evolução de capacidade de deslocamentos em maiores velocidades permitiu o crescimento das cidades. À medida que a velocidade tornasse o tempo constante em distâncias cada vez maiores, as cidades foram crescendo em *pari passu* com os avanços tecnológicos de transporte - principalmente os de massa que combinariam outra dimensão: volume de passageiros. Aqui podemos identificar o surgimento de grandes metrópoles.

A história das cidades, e seu crescimento pulsante, se deparou com outra dimensão: a socioeconômica. À medida que se acreditou que a tecnologia foi entendida e limitada à sua aplicabilidade em infraestrutura, as cidades mergulharam em um ciclo vicioso mais epidêmico que um vírus: mais necessidade de espaço para a infraestrutura suportar o tráfego crescente de veículos, tanto individuais quanto de massa, mais áreas desapropriadas para a construção de mais pistas e mais viadutos, obrigando as pessoas que tiveram suas propriedades desapropriadas a se mudarem para áreas cada vez mais distantes, que aumentam esta pressão com mais demanda de transportes interligando localidades mais distantes. O resultado são grandes cidades que afastam e marginalizam pessoas, esvaziando a dinâmica econômica destas.

Um agravante está na dimensão fiscal: a principal conta deficitária de boa parte das grandes metrópoles do mundo está relacionada ao transporte, mesmo observando que os serviços vêm piorando ao longo dos anos. E com os custos crescentes do preço dos combustíveis, a pressão pelos reajustes das tarifas resvala na questão energética, que resvala na dimensão ambiental.

São tantas dimensões, que nem o próprio Stan Lee, conseguiria imaginar como adaptar o cenário dos problemas da mobilidade em alguma aventura multiverso em suas histórias em quadrinhos e filmes.

Por outro lado, existe uma dimensão esquecida, uma faceta da tecnologia que vem sendo negligenciada: a informação, mais especificamente, os dados. Muitas guerras foram vencidas, e perdidas, com o uso desta preciosa ferramenta. Presumo que essa ocorrência se deve à forma de gestão da mobilidade, por um ser onisciente, o estado, centralizando e decidindo como pensar a cidade. Não é obrigação da autoridade metropolita de mobilidade formular todas as respostas para problemas sem fim das cidades. Vale destacar a contribuição de F. A. Hayek, ganhador do prêmio Nobel de economia, que nos aponta quão difícil é a tomada de decisão centralizada quando o conhecimento está disperso na sociedade. E o surgimento de mobitechs, startups de mobilidade urbana, configura um exército de mentes para vencermos essa guerra. Um exemplo é a cidade de Londres, que abre os dados do sistema e integraliza o setor privado nas soluções desenhadas. É a concretização de um conceito que já está, faz um tempo, circulando no campo das ideias e cria forma: MaaS, do inglês ***Mobility-as-a-service***, e em bom português, Mobilidade como serviço, para promover uma experiência da mobilidade focada nas pessoas.

A gestão da informação e seu compartilhamento permite o surgimento de soluções que promovem mais integração dos meios de transportes das cidades, bem como o pagamento destes serviços. Isso gera um ganho tanto para os prestadores de serviços de transportes, órgãos públicos, e, principalmente, para as pessoas (que tal pararmos de chamá-los de usuários?). Imaginem a possibilidade de integrar ônibus, bicicletas, patinetes, táxis e carros por aplicativos em um só lugar. Pois bem, pare de imaginar: na cidade de Helsinki, capital da Finlândia, já é realidade. E aqui, não estamos falando de milhões de investimentos que demandam a construção de túneis e viadutos para melhorar o fluxo do trânsito, mas em gestão inteligente e compartilhamento de dados para garantir o fluxo das pessoas de volta às cidades. Os dados estão aí, quando vamos parar de jogá-los e deixar a população entregue à própria sorte?

Capítulo 8:

Rotas Estratégicas Turísticas e Infraestrutura no Brasil

Em 2022, uma parceria entre Ministério de Turismo e o Laboratório de Transportes e Logística (LabTrans) da Universidade Federal de Santa Catarina (UFSC) divulgou uma série de Estudos e Pesquisas Relacionados ao Planejamento do Transporte Turístico no Brasil, com a proposta de produção de um plano de ação voltado à melhoria da mobilidade e da conectividade turística no Brasil e que possibilite gerar empregos e renda em curto e médio prazo. Neste capítulo, vamos buscar entender as entregas deste estudo, que mesmo nos apresentando diagnósticos importantes, vem sendo pouco utilizado por gestores públicos e privados.

O mapa do Turismo Brasileiro: As Regiões e Rotas Turísticas

O Mapa do Turismo Brasileiro é um instrumento do Ministério do Turismo (MTur) para o planejamento e a gestão descentralizada das políticas públicas voltadas ao desenvolvimento do setor turístico no país (MTur, 2022). Instituído no âmbito do Programa de Regionalização do Turismo, o Mapa visa identificar e organizar os municípios com vocação turística, orientando a alocação de recursos e ações estratégicas para o fortalecimento do turismo nacional.

Nesse sentido, o Mapa do Turismo Brasileiro tem como principal objetivo delinear o recorte territorial a ser trabalhado prioritariamente pelo MTur no desenvolvimento de políticas públicas. Ele identifica os municípios que adotam o turismo como estratégia de desenvolvimento e que estão organizados em regiões turísticas. Essa organização permite uma atuação mais eficaz do governo federal, estados e municípios na promoção, infraestrutura, qualificação profissional e investimentos no setor.

Além disso, o Mapa serve como base para a categorização dos municípios turísticos, permitindo uma análise mais precisa do desempenho da economia do turismo em cada localidade. Essa categorização é essencial para a definição de políticas públicas específicas e para a priorização de investimentos.

A Portaria MTur nº 09, de 24 de abril de 2025, consolida e atualiza as normas sobre o Programa de Regionalização do Turismo, a Categorização dos Municípios do Mapa do Turismo Brasileiro e o próprio Mapa. Essa portaria estabelece os critérios, orientações, compromissos, procedimentos e prazos para a composição do Mapa, promovendo uma gestão compartilhada e descentralizada do turismo no Brasil.

Para que um município seja incluído no Mapa do Turismo Brasileiro, é necessário atender a critérios específicos estabelecidos na Portaria MTur nº 09/2025, art. 10º:

I. comprovar a existência de órgão ou entidade municipal responsável pela pasta de Turismo, por meio da apresentação de normativo referente à estrutura administrativa da Prefeitura Municipal;
II. comprovar a existência de dotação orçamentária destinada ao turismo, por meio da apresentação da Lei Orçamentária Anual - LOA e do Quadro de Detalhamento de Despesa - QDD vigentes;
III. possuir, no mínimo, um prestador de serviços turísticos, de cadastro obrigatório no Ministério do Turismo, conforme disposto no caput do art. 21 da Lei nº 11.771, de 17 de setembro de 2008, e em situação regular no Sistema de Cadastro dos Prestadores de Serviços Turísticos;
IV. comprovar a existência de conselho ou fórum municipal de Turismo ativo, mediante a apresentação:

a) do ato normativo que o instituiu;
b) da ata de posse de sua atual diretoria; e

c) das atas assinadas das duas últimas reuniões realizadas durante a vigência do Município no Mapa do Turismo, comprovando a discussão de temas e propostas relacionadas ao turismo local.

V. apresentar termo de compromisso, conforme modelo disponibilizado pelo Ministério do Turismo, assinado pelo prefeito(a) e pelo dirigente responsável pela pasta de Turismo, aderindo, de forma espontânea e formal, ao Programa de Regionalização do Turismo.

Esses critérios visam assegurar que os municípios estejam organizados e comprometidos com o desenvolvimento sustentável do turismo, promovendo a integração regional e a eficiência na aplicação dos recursos públicos.

A categorização dos municípios inseridos no Mapa do Turismo Brasileiro é um instrumento que identifica o desempenho da economia do turismo em cada localidade. Essa análise é baseada em variáveis objetivas e permite a elaboração de políticas públicas mais adequadas às características de cada município.

Até recentemente, os municípios eram classificados em cinco categorias (A, B, C, D e E), de acordo com os seguintes indicadores:

- Número de Estabelecimentos de Hospedagem: Dados da Relação Anual de Informações Sociais (RAIS).
- Número de Empregos em Estabelecimentos de Hospedagem: Informações também provenientes da RAIS.
- Estimativa de Visitantes Domésticos: Baseada no Estudo de Demanda Doméstica realizado pelo MTur em parceria com a Fundação Instituto de Pesquisas Econômicas (FIPE).
- Estimativa de Visitantes Internacionais: Derivada do Estudo de Demanda Internacional, também realizado pelo MTur e FIPE.
- Arrecadação de Impostos Federais: Relacionada aos meios de hospedagem, com dados da Secretaria da Receita Federal.

Em março de 2025, o MTur atualizou a nomenclatura das categorias, passando a identificar os municípios como:

- Municípios Turísticos: Aqueles com maior desempenho e estrutura no setor.

- Municípios com Oferta Turística Complementar: Locais que oferecem serviços e atrativos que complementam a oferta turística regional.
- Municípios de Apoio ao Turismo: Aqueles que, embora não sejam destinos turísticos principais, oferecem suporte logístico e de serviços aos turistas.

Assim, a ideia é identificar a infraestrutura que atende os municípios turísticos, bem como os municípios complementares e de apoio, para a estruturação da infraestrutura das rotas turísticas brasileiras. Com o objetivo de **potencializar o turismo regional integrado**, a partir da valorização de produtos turísticos já consolidados ou com alto potencial de desenvolvimento o Ministério do Turismo (MTur) organizou em eixos as **Rotas Turísticas Estratégicas Prioritárias**, a fim de estruturar o turismo de maneira sustentável e gerar benefícios econômicos e sociais às comunidades envolvidas (MTur, 2022).

Corredores Logísticos Estratégicos

Segundo o Plano Nacional de Logística (PNL) elaborado pela Empresa de Planejamento e Logística (EPL) e pelo Ministério dos Transportes, os corredores logísticos estratégicos são agrupamentos espaciais de fluxos de cargas relevantes, concentrados em determinados trechos do território nacional, que conectam:

- Regiões de produção agrícola, mineral e industrial;
- Centros de consumo e transformação industrial;
- Pontos de exportação/importação, como portos marítimos e fronteiras internacionais.

Eles são definidos com base em: volume de carga transportada; relevância econômica; potencial de impacto nos custos logísticos nacionais; necessidade de investimento em infraestrutura.

Esses corredores também são utilizados como ferramenta para definir prioridades de investimento público e privado, promover a articulação entre modais, e monitorar a eficiência da logística nacional. Esses corredores também são capazes de oferecer infraestrutura para a oferta de rotas turísticas.

O **Plano Nacional de Logística 2035**, publicado em 2021, define **20 corredores logísticos estratégicos**, organizados em cinco grandes eixos de integração nacional. Eles são:

1. Corredores Norte-Sul

- Corredor Norte-Sul Central (Ferrovia Norte-Sul): conecta Porto Nacional (TO) ao Porto de Santos (SP);
- Corredor Tocantins/Maranhão: transporte de grãos até o Porto de Itaqui (MA);
- Corredor BR-163 (MT-PA): liga o Centro-Oeste ao Porto de Miritituba/Itaituba (PA), no Arco Norte.

2. Corredores Leste-Oeste

- Corredor Leste-Oeste Bahia: escoamento mineral e agrícola via Ferrovia Oeste-Leste (FIOL) até Ilhéus (BA);
- Corredor de Integração Centro-Oeste/Sudeste: conecta o MS ao Porto de Santos;
- Corredor Paraná/Santa Catarina: fluxo agrícola e industrial aos portos de Paranaguá e Itajaí.

3. Corredores Sul

- Corredor Sul Gaúcho: ligação de produção agrícola e industrial ao Porto do Rio Grande (RS);
- Corredor Oeste Catarinense: direcionado à exportação de proteína animal.

4. Corredores Amazônicos

- Corredor Madeira-Tapajós: conecta Rondônia e Mato Grosso aos portos fluviais no Amazonas e Pará;
- Corredor Solimões: transporte fluvial entre Manaus e a fronteira com o Peru (área da IIRSA – Iniciativa para a Integração da Infraestrutura Regional Sul-Americana).

5. Corredores de Integração Internacional

- Corredor Bioceânico (Brasil–Paraguai–Argentina–Chile): ligando Campo Grande (MS) ao Porto de Antofagasta (Chile), com apoio da Rota Bioceânica;
- Corredor Brasil–Bolívia–Peru (Interoceânico Norte): via Acre;
- Corredor Brasil–Uruguai–Argentina: com foco nos portos do sul do Brasil e de Montevidéu.

Assim, o estudo do MTur e LabTrans, promoveu uma interseção dos Corredores Logísticos Estratégicos com o Mapa do Turismo[5] (Mtur; UFSC; Labtrans, 2022).

Rotas Turísticas Estratégicas Prioritárias

No Brasil, existem 30 Rotas Turísticas Estratégicas Prioritárias criadas pelo MTur para o programa "Investe Turismo: parceria que transforma destinos", para mapear para investimentos públicos e privados. Seguem as 30 rotas detalhadas a seguir:

Tabela 8.1: Rota 1: Brasília e Chapada dos Veadeiros

Região Turística	Municípios	UF
Brasília – Patrimônio cultural da humanidade	Brasília	DF
Região Turística Chapada dos Veadeiros	Alto Paraíso de Goiás (e Vila de São Jorge)	GO
	Cavalcante	GO

Fonte: MTur, 2020.

Tabela 8.2: Rota 2: Goiânia, Pirenópolis e Goiás

Região Turística	Municípios	UF
Região dos Negócios e Tradições	Goiânia	GO

5 É importante ressaltar que, na data da realização do estudo, o Mapa do Turismo disponível foi o de 2019, e esse ainda usava as categorias A e B para municípios com perfil turístico.

Região Turística	Municípios	UF
Região Turística do Ouro e dos Cristais	Pirenópolis	GO
	Goiás	GO

Fonte: MTur, 2020.

Tabela 8.3: Rota 3: Pantanal Norte e Chapada dos Guimarães

Região Turística	Municípios	UF
Região Turística Metropolitana	Cuiabá	MT
Região Turística Circuito das Águas	Chapada dos Guimarães	MT
	Nobres	MT
Região Turística Pantanal Matogrossense	Cáceres	MT
	Poconé	MT

Fonte: MTur, 2020.

Tabela 8.4: Rota 4: Rota Pantanal Sul e Bonito

Região Turística	Municípios	UF
Caminho dos Ipês	Campo Grande	MS
Bonito/Serra da Bodoquena	Bonito	MS
	Bodoquena	MS
	Jardim	MS
Pantanal	Aquidauana	MS
	Corumbá	MS
	Miranda	MS

Fonte: MTur, 2020.

Tabela 8.5: Rota 5: Manaus e Polo Amazônico

Região Turística	Municípios	UF
Polo Amazônico	Manaus	AM
	Novo Airão	AM
	Presidente Figueiredo	AM

Fonte: MTur, 2020.

Tabela 8.6: Rota 6: Belém, Ilha do Marajó, Santarém e Alter do Chão

Região Turística	Municípios	UF
Belém	Belém	PA
Marajó	Salvaterra	PA
	Soure	PA
Tapajós	Santarém (e vilas de Alter do Chão e Ponta de Pedras)	PA
	Belterra (Flona do Tapajós)	PA

Fonte: MTur, 2020.

Tabela 8.7: Rota 7: Palmas e Jalapão

Região Turística	Municípios	UF
Serras e Lago	Palmas	TO
Encantos do Jalapão	Mateiros	TO
	Ponte Alta do Tocantins	TO
	São Félix do Tocantins	TO

Fonte: MTur, 2020.

Tabela 8.8: Rota 8: Boa Vista e Monte Roraima

Região Turística	Municípios	UF
Roraima, a Savana Amazônica	Boa Vista	RR
O Extremo Norte do Brasil	Pacaraima	RR

Fonte: MTur, 2020.

Tabela 8.9: Rota 9: Macapá

Região Turística	Municípios	UF
Meio do Mundo	Macapá	AP

Fonte: MTur, 2020.

Tabela 8.10: Rota 10: Rio Branco

Região Turística	Municípios	UF
Conheça Rio Branco	Rio Branco	AC

Fonte: MTur, 2020.

Tabela 8.11: Rota 11: Porto Velho e Guajará-Mirim

Região Turística	Municípios	UF
Polo Porto Velho	Porto Velho	RO
Polo Guajará-Mirim	Guajará-Mirim	RO

Fonte: MTur, 2020.

Tabela 8.12: Rota 12: Maceió e Costa dos Corais

Região Turística	Municípios	UF
Grande Maceió	Maceió	AL

Região Turística	Municípios	UF
Costa dos Corais	Barra de Santo Antônio	AL
	Japaratinga	AL
	Porto de Pedras	AL
	Maragogi	AL
	São Miguel dos Milagres	AL

Fonte: MTur, 2020.

Tabela 8.13: Rota 13: Aracaju e Cânions do São Francisco

Região Turística	Municípios	UF
Polo Costas dos Coqueirais	Aracaju	SE
	São Cristóvão	SE
	Laranjeiras	SE
	Estância	SE
Polo Velho Chico	Canindé de São Francisco	SE
Polo das Serras Sergipanas	Itabaiana	SE

Fonte: MTur, 2020.

Tabela 8.14: Rota 14: Recife, Olinda e Porto de Galinhas

Região Turística	Municípios	UF
Costa História e Mar	Recife	PE
	Olinda	PE
	Ipojuca (Porto de Galinhas)	PE
Costa Náutica Coroa do Avião	Ilha de Itamaracá	PE
	Igarassu	PE
Histórica, dos Arrecifes e dos Manguezais	Tamandaré	PE

Tabela 8.15: Rota 15: Fernando de Noronha

Região Turística	Municípios	UF
História e Mar	Fernando de Noronha	PE

Fonte: MTur, 2020.

Tabela 8.16: Rota 16: Salvador e Morro de São Paulo

Região Turística	Municípios	UF
Costa dos Coqueiros	Salvador	BA
	Mata de São João (Praia do Forte)	BA
Costa do Dendê	Cairu (e Morro de São Paulo e Boipeba)	BA

Fonte: MTur, 2020.

Tabela 8.17: Rota 17: Costa do Descobrimento

Região Turística	Municípios	UF
Costa do Descobrimento	Porto Seguro (e Arraial d'Ajuda, Trancoso e Caraíva)	BA
	Santa Cruz Cabrália	BA

Fonte: MTur, 2020.

Tabela 8.18: Rota 18: Rota das Emoções

Região Turística	Municípios	UF
Fortaleza	Fortaleza	CE
Litoral Oeste	Trairi	CE
Litoral Extremo Oeste	Camocim	CE
	Cruz	CE
	Barroquinha	CE
	Chaval	CE
	Jijoca de Jericoacoara	CE
Polo de São Luís	São Luís	MA

Região Turística	Municípios	UF
Polo dos Lençóis Maranhenses	Barreirinhas (Lençóis Maranhenses, Vilarejo Atins)	MA
	Santo Amaro do Maranhão	MA
Polo Delta das Américas	Araioses	MA
	Tutóia	MA
	Paulino Neves	MA
Polo Costa do Delta	Parnaíba	PI
	Cajueiro da Praia	PI
	Ilha Grande	PI
	Luís Correia	PI

Fonte: MTur, 2020.

Tabela 8.19: Rota 19: Teresina e Serra da Capivara

Região Turística	Municípios	UF
Polo Teresina	Teresina	PI
	Santa Cruz dos Milagres	PI
Polo das Origens	São Raimundo Nonato (Serra da Capivara)	PI

Fonte: MTur, 2020.

Tabela 8.20: Rota 20: João Pessoa e Litoral

Região Turística	Municípios	UF
Costa das Piscinas	João Pessoa	PB
	Conde	PB
	Cabedelo	PB

Fonte: MTur, 2020.

Tabela 8.21: Rota 21: Natal e Litoral

Região Turística	Municípios	UF
Polo Costa das Dunas	Natal	RN
	Parnamirim	RN
	Extremoz	RN
	Maxaranguape	RN
	São Miguel do Gostoso	RN
	Touros	RN
	Tibau do Sul (e Praia da Pipa e Praia do Amor)	RN
	Baía Formosa	RN
Polo Costa Branca	Galinhos	RN

Fonte: MTur, 2020.

Tabela 8.22: Rota 22: Vitória e Montanhas Capixabas

Região Turística	Municípios	UF
Metropolitana	Vitória	ES
	Guarapari	ES
	VilaVelha	ES
Montanhas Capixabas	Venda Nova do Imigrante	ES
	Domingos Martins	ES

Fonte: MTur, 2020.

Tabela 8.23: Rota 23: Belo Horizonte e Cidades Históricas de Minas

Região Turística	Municípios	UF
Belo Horizonte	Belo Horizonte	MG
Veredas do Paraopeba	Brumadinho	MG
Diamantes	Diamantina	MG

Região Turística	Municípios	UF
Ouro	Ouro Preto	MG
	Mariana	MG
	Sabará	MG
	Congonhas	MG
Trilha dos Inconfidentes	São João del Rey	MG
	Tiradentes	MG

Fonte: MTur, 2020.

Tabela 8.24: Rota 24: Rio de Janeiro Imperial

Região Turística	Municípios	UF
Metropolitana	Rio de Janeiro	RJ
Serra Verde Imperial	Petrópolis	RJ
	Nova Friburgo	RJ
	Teresópolis	RJ

Fonte: MTur, 2020.

Tabela 8.25: Rota 25: Costa do Sol - Região dos Lagos

Região Turística	Municípios	UF
Costa do Sol	Armação dos Búzios	RJ
	Arraial do Cabo	RJ
	Cabo Frio	RJ
	Rio das Ostras	RJ
	Saquarema	RJ
Costa Verde	Angra dos Reis (Ilha Grande)	RJ
	Paraty	RJ

Fonte: MTur, 2020.

Tabela 8.26: Rota 26: São Paulo e Litoral Norte

Região Turística	Municípios	UF
Capital	São Paulo	SP
Costa da Mata Atlântica	Bertioga	SP
Litoral Norte de São Paulo	Ilhabela	SP
	Ubatuba	SP
	Caraguatatuba	SP
	São Sebastião	SP

Fonte: MTur, 2020.

Tabela 8.27: Rota 27: Corredor do Iguaçu

Região Turística	Municípios	UF
Rotas do Pinhão	Curitiba	PR
Litoral do Paraná	Morretes	PR
	Paranaguá	PR
Cataratas do Iguaçu e Caminhos ao Lago de Itaipu	Foz do Iguaçu	PR

Fonte: MTur, 2020.

Tabela 8.28: Rota 28: Serra Gaúcha

Região Turística	Municípios	UF
Hortênsias	Gramado	RS
	Canela	RS
	Nova Petrópolis	RS
	São Francisco de Paula	RS
Uva e Vinho	Bento Gonçalves	RS
	Caxias do Sul	RS
	Garibaldi	RS

Região Turística	Municípios	UF
Campos de Cima da Serra	São José dos Ausentes	RS
	Jaquirana	RS
	Cambará do Sul	RS

Fonte: MTur, 2020.

Tabela 8.29: Rota 29: Porto Alegre e Missões

Região Turística	Municípios	UF
Porto Alegre	Porto Alegre	RS
Rota das Missões	São Miguel das Missões	RS

Fonte: MTur, 2020.

Tabela 8.30: Rota 30: Serra-Mar Catarinense

Região Turística	Municípios	UF
Grande Florianópolis	Florianópolis	SC
	Palhoça	SC
Serra Catarinense	Lages	SC
	São Joaquim	SC
	Urubici	SC
Encantos do Sul	Garopaba	SC
	Imbituba	SC
	Laguna	SC
Costa Verde & Mar	Balneário Camboriú	SC
	Itajaí	SC
	Bombinhas	SC
	Penha	SC
	Porto Belo	SC

Região Turística	Municípios	UF
Vale Europeu	Blumenau	SC
	Brusque	SC
	Pomerode	SC
	Timbó	SC
Caminho dos Príncipes	São Francisco do Sul	SC
	Joinville	SC

Fonte: MTur, 2020.

A Infraestrutura das rotas turísticas

O estudo do MTur junto com o LabTrans (UFSC) criou uma série de indicadores para avaliar a infraestrutura de todas as 30 rotas turísticas listadas na seção anterior. Entre os indicadores selecionados, constam aqueles relacionados à conectividade modal, que representa os tipos de infraestruturas de transporte que atualmente oferece cada rota.

Tabela 8.31: Indicadores por modo de transporte

Infraestrutura por Modo de transporte	Indicadores
Rodoviário	Foram determinados indicadores de extensão de malha, indicadores de jurisdição de trechos e terminais rodoviários, assim como a densidade de potenciais Pontos de Apoio ao Viajante (PAVs).

Infraestrutura por Modo de transporte	Indicadores
Ferroviário	Foram considerados os indicadores de extensão, quantitativos de trechos e terminais planejadas, bem como indicadores de existência de trens regulares e trens turísticos na rota.
Aquaviário	Pelos indicadores de extensão das rotas aquaviária, total de instalações portuárias e indicativos quantitativos de instalações planejadas e com potencial para o transporte de passageiro.
Aeroviário	Indicadores de densidade de aeroportos, caracterizando os aeroportos em função do seu domínio, tipo de jurisdição, número de voos semanais, destinos e companhias aéreas.

Fonte: MTur e LabTrans (2022, p. 687 e 688).

Os indicadores selecionados foram avaliados em uma escala considerando "0" quando não foi possível avaliar (por falta de informações sobre), "1" para classificação baixa, "2" para classificação média, e "4" para classificação alta. (MTur, LabTrans, 2022).

O resultado da avaliação feita por modo de transporte para cada rota turística está nas figuras a seguir:

Figura 8.1: Indicadores sobre Infraestrutura Aeroviária das 30 rotas turísticas estratégicas

INDICADORES	Rota																													
	1	2	3	4	5	6	7	8	9	10	11	12	13	14	15	16	17	18	19	20	21	22	23	24	25	26	27	28	29	30
INFRAESTRUTURA AEROVIÁRIA																														
Total de aeroportos (alto>16 und, 16 und>médio>7 und, baixo<7 und)	2	1	1	1	1	2	2	2	4	4	2	4	1	4	1	1	2	1	1	1	1	4	2	1	1	1	2	4	2	2
Aeroportos com domínio nacional e internacional (Sim =4, Não =0)	4	4	4	4	4	4	4	0	4	4	4	4	0	4	4	0	4	4	0	4	0	4	0	4	0	0	4	4	4	4
Qtd. de aeroportos concedidos (alto>33%, 33%>médio>20%, baixo<20%)	4	1	4	2	4	4	1	1	1	1	1	1	2	1	1	4	1	4	2	4	4	2	1	4	2	2	2	1	2	2
Qtd. de voos semanais (dez/2019) (alto>1290 voos, 1290 voos>médio>571 voos, baixo<571 voos)	2	2	4	2	2	2	4	1	2	1	1	2	1	1	1	1	1	1	1	4	1	4	1	1	1	1	4	4	4	2
Qtd. de destinos (origem/destino) (dez/2019) (alto>30 des, 30 des>médio>16 des, baixo<16 des)	1	4	4	4	2	2	4	2	2	1	4	2	1	1	1	1	1	1	1	4	1	2	1	1	2	1	1	4	2	1
Qtd. de companhias aéreas em operação (alto>8 comp, 8 comp>médio>6 comp, baixo<6 comp)	2	2	4	4	4	2	4	1	2	2	4	2	1	1	1	1	1	1	1	2	1	2	1	1	1	1	1	4	4	1

Fonte: MTur e Labtrans (2022, p. 692).

Figura 8.2: Indicadores sobre Infraestrutura Aquaviária das 30 rotas turísticas estratégicas

INDICADORES	Rota																													
	1	2	3	4	5	6	7	8	9	10	11	12	13	14	15	16	17	18	19	20	21	22	23	24	25	26	27	28	29	30
INFRAESTRUTURA AQUAVIÁRIA																														
Extensão total das rotas aquaviárias (alto>4560km, 4560km>médio>1800km, baixo<1800km)	1	2	1	4	2	4	1	1	2	4	4	4	1	1	2	4	2	1	1	1	0	1	2	1	1	1	1	2	4	4
Total de instalações portuárias (alto>29 und, 29 und>médio>11 und, baixo<11 und)	2	4	4	1	2	4	1	1	1	2	4	4	1	1	2	1	2	1	1	1	1	1	1	1	1	2	4	2	2	4
Instalações portuárias: Planejadas (alto>6 und, 6 und>médio>3 und, baixo<3 und)	0	2	1	2	4	4	1	2	2	2	4	4	2	1	0	1	2	0	2	0	0	0	2	0	1	1	2	1	1	4
Instalações Portuárias com potencial para passageiros (Sim =4, Não =0)	4	4	4	4	4	4	4	4	4	4	4	4	4	4	4	4	4	4	4	4	0	0	4	4	4	4	4	4	4	4

Fonte: MTur e Labtrans (2022, p. 691).

Figura 8.3: Indicadores sobre Infraestrutura Rodoviária das 30 rotas turísticas estratégicas

INDICADORES	Rota																													
	1	2	3	4	5	6	7	8	9	10	11	12	13	14	15	16	17	18	19	20	21	22	23	24	25	26	27	28	29	30
INFRAESTRUTURA RODOVIÁRIA																														
Extensão total da malha rodoviária (alto>760km, 760km>médio>580km, baixo<580km)	4	1	1	4	1	2	1	2	2	4	1	4	2	1	2	2	1	1	1	1	1	1	4	1	2	1	1	4	4	2
Jurisdição: Concedidas (alto>170km, 170km>médio>10km, baixo<10km)	4	1	4	4	2	1	2	2	4	2	1	2	1	1	1	1	1	2	1	1	1	1	1	1	1	2	4	2	4	4
Jurisdição: Concedidas (alto>27%, 27%>médio>2%, baixo<2%)	4	1	4	4	4	1	2	2	2	2	1	1	1	1	1	1	1	2	1	1	1	1	1	2	1	2	4	2	4	4
Jurisdição: Federal (alto>365km, 365km>médio>210km, baixo<210km)	4	2	2	2	1	4	1	1	2	4	1	4	1	1	4	4	2	1	2	1	1	1	4	1	2	1	1	1	1	2
Jurisdição: Estadual (alto>340km, 340km>médio>210km, baixo<210km)	1	1	1	4	1	1	2	4	2	2	2	4	4	1	1	1	1	2	2	1	1	1	4	1	4	1	1	4	2	2
Potenciais pontos de apoio ao viajante (alto>166 PAV, 166 PAV>médio>74 PAV, baixo<74 PAV)	1	1	1	1	1	1	1	1	2	2	2	2	1	1	1	2	1	2	4	4	1	1	4	1	4	2	4	4	4	2
Terminais concedidos/administrados por empresa privada (alto>50%, 50%>médio>25%, baixo<25%)	1	2	1	1	4	2	1	2	1	1	1	4	4	1	4	1	1	2	1	2	0	1	2	4	2	2	2	2	2	1

Fonte: MTur e Labtrans (2022, p. 690).

Figura 8.4: Indicadores sobre Infraestrutura Ferroviária das 30 rotas turísticas estratégicas

INDICADORES	Rota																													
	1	2	3	4	5	6	7	8	9	10	11	12	13	14	15	16	17	18	19	20	21	22	23	24	25	26	27	28	29	30
INFRAESTRUTURA RODOVIÁRIA																														
Extensão total da malha rodoviária (alto>760km, 760km>médio>580km, baixo<580km)	4	1	1	4	1	2	1	2	2	4	1	4	2	1	2	2	1	1	1	1	1	1	4	1	2	1	1	4	4	2
Jurisdição: Concedidas (alto>170km, 170km>médio>10km, baixo<10km)	4	1	4	4	2	1	2	2	4	2	1	2	1	1	1	1	1	2	1	1	1	1	1	1	1	2	4	2	4	4
Jurisdição: Concedidas (alto>27%, 27%>médio>2%, baixo<2%)	4	1	4	4	4	1	2	2	2	2	1	1	1	1	1	1	1	2	1	1	1	1	1	2	1	2	4	2	4	4
Jurisdição: Federal (alto>365km, 365km>médio>210km, baixo<210km)	4	2	2	2	1	4	1	1	2	4	1	4	1	1	4	4	2	1	2	1	1	1	4	1	2	1	1	1	1	2
Jurisdição: Estadual (alto>340km, 340km>médio>210km, baixo<210km)	1	1	1	4	1	1	2	4	2	2	2	4	4	1	1	1	1	2	2	1	1	1	4	1	4	1	1	4	2	2
Potenciais pontos de apoio ao viajante (alto>166 PAV, 166 PAV>médio>74 PAV, baixo<74 PAV)	1	1	1	1	1	1	1	1	2	2	2	2	1	1	1	2	1	2	4	4	1	1	4	1	4	2	4	4	4	2
Terminais concedidos/administrados por empresa privada (alto>50%, 50%>médio>25%, baixo<25%)	1	2	1	1	4	2	1	2	1	1	1	4	4	1	4	1	1	2	1	2	0	1	2	4	2	2	2	2	2	1

Fonte: MTur e Labtrans (2022, p. 691).

É importante apontar que, o objetivo deste estudo aqui apresentado não é comparar as rotas em sua infraestrutura, mas apontar, via indicadores, o que precisa ter maior atenção dos agentes públicos e privados sobre a infraestrutura, por modo, em cada rota estratégica de turismo Brasileira.

E agora? O que vamos fazer com isso?

Muitas vezes somos "tentados" a acreditar que precisamos de um plano nacional de desenvolvimento do turismo, mas o que observamos nos resultados é que cada rota possui seus desafios específicos, muitas vezes relacionados aos destinos turísticos que ofertam, como bem aponta Panosso Neto (2012, p. 67):

> Em linhas gerais, o estudo do planejamento de transportes visa 'adequar as necessidades de transportes de uma região ao seu desenvolvimento de acordo com suas características estruturais. Isso significa implantar novos sistemas ou melhorar os existentes'. Daí a importância de se discutir a relação entre os transportes e o desenvolvimento de áreas geográficas que cumprem algum tipo de função nodal específica no turismo [...].

Assim, mais do que nunca, precisamos compreender o importante papel das Universidades, pesquisadores e estudantes, na promoção de estudos para, com todo esse ferramental analítico levantado e apresentado neste capítulo, possam gerar novos desdobramentos de estudos e alternativas para promoção do desenvolvimento do turismo, que sempre falamos de suas potencialidades, mas ainda nos falta caminhar para uma construção concreta.

Capítulo 9:

Estudos de Caso e Experiências Práticas em Transportes Turísticos

Análise de Projetos Bem-Sucedidos de Transporte Turístico no Brasil

No Brasil, diversos projetos bem-sucedidos de transporte turístico têm se destacado por contribuírem significativamente para o desenvolvimento econômico regional, a valorização cultural e a preservação ambiental. Esses projetos envolvem diferentes modais de transporte, desde ferroviário e rodoviário até hidroviário e aéreo, demonstrando uma diversidade de soluções eficazes para o turismo. A seguir, estão descritos alguns dos mais notáveis e bem-sucedidos projetos, embasados na literatura acadêmica e nas publicações especializadas em turismo e transportes.

1. Trem do Corcovado – Rio de Janeiro (RJ)

O Trem do Corcovado é uma referência de sucesso internacional. Implantado em 1884, inicialmente com propósitos turísticos e religiosos, tornou-se um dos principais exemplos de transporte turístico sustentável. Utilizando um sistema elétrico desde 1910, atualmente transporta aproximadamente 2 milhões de visitantes ao ano, segundo a Empresa Trem do Corcovado (2023).

2. Linha Turismo de Curitiba (PR)

A Linha Turismo em Curitiba é reconhecida pela eficiência operacional e inovação em planejamento urbano integrado ao turismo. Conforme destaca o Instituto de Pesquisa e Planejamento Urbano de Curitiba (Barbosa; Souza, 2022), o serviço, implementado em 1994, usa ônibus panorâmicos que circulam pelos principais pontos turísticos, promovendo mobilidade urbana sustentável e valorização do patrimônio histórico-cultural da cidade. É um exemplo de transporte turístico que ampliou a acessibilidade e fortaleceu o turismo urbano.

3. Estrada de Ferro Campos do Jordão (SP)

Inaugurada em 1914 e incorporada ao turismo nas últimas décadas, a Estrada de Ferro Campos do Jordão exemplifica como uma linha ferroviária pode transformar-se num atrativo turístico fundamental. Conforme Silva e Martins (2019), o trem turístico que liga Campos do Jordão a Pindamonhangaba é considerado um patrimônio cultural paulista, revitalizando a economia regional por meio do aumento significativo no fluxo turístico e geração de renda direta e indireta.

4. Bondinho do Pão de Açúcar – Rio de Janeiro (RJ)

O Bondinho do Pão de Açúcar, inaugurado em 1912, tornou-se uma referência mundial por aliar eficiência técnica e atratividade turística. Considerado uma obra de engenharia inovadora, atrai cerca de 1,5 milhão de visitantes anuais, contribuindo significativamente para o turismo carioca (Oliveira, 2022). Segundo Andrade e Pires (2020), o bondinho é um exemplo de transporte turístico que alia sustentabilidade e inovação tecnológica, colaborando na divulgação internacional da imagem turística do Brasil.

5. Trem Turístico Ouro Preto-Mariana (MG)

Implementado em 2006 pela Vale e administrado atualmente pela VLI, o Trem Turístico Ouro Preto-Mariana é destacado como uma iniciativa bem-sucedida que fortalece a preservação do patrimônio histórico-cultural mineiro. Segundo Costa e Rezende (2021), o projeto aumentou significativamente o fluxo turístico entre as duas cidades históricas, revitalizando suas economias locais e fomentando o desenvolvimento sustentável por meio da integração cultural e econômica.

6. Projeto Barco Escola – Bonito (MS)

O Barco Escola na região de Bonito é um exemplo de projeto hidroviário bem-sucedido. Desenvolvido com apoio do poder público local e iniciativa privada, visa à educação ambiental e ao turismo sustentável, destacando-se pelo manejo consciente e sustentável do ecossistema aquático local. De acordo com Santana e Ferreira (2022), o Barco Escola oferece uma experiência educativa e turística que estimula práticas de conservação ambiental e fortalece o turismo ecológico da região.

7. Maria Fumaça de Bento Gonçalves-Garibaldi-Carlos Barbosa (RS)

Operado pela Giordani Turismo desde 1993, o projeto da Maria Fumaça é um exemplo de sucesso no aproveitamento turístico-cultural de transporte ferroviário histórico no Rio Grande do Sul. Conforme aponta Silva *et al.* (2021), o projeto fortaleceu o turismo cultural, oferecendo experiências gastronômicas e musicais dentro dos trens antigos. Isso resultou em desenvolvimento econômico regional significativo, contribuindo para a preservação da cultura ítalo-gaúcha.

8. Projeto das Escunas de Paraty (RJ)

O turismo náutico em Paraty é impulsionado significativamente pelo projeto das escunas. Caracterizado pela regulamentação eficaz do transporte aquaviário turístico, esse projeto destaca-se pelo controle de impactos ambientais e promoção da cultura caiçara. De acordo com Prefeitura Municipal de Paraty (2017), as escunas turísticas oferecem passeios que integram lazer e educação ambiental, favorecendo uma relação sustentável com o meio ambiente marinho local e ampliando a renda das comunidades tradicionais.

9. Projeto de Helicópteros Turísticos nas Cataratas do Iguaçu (PR)

O turismo aéreo nas Cataratas do Iguaçu exemplifica como o transporte turístico aéreo pode ampliar o potencial turístico local. Segundo Souza e Carvalho (2021), os voos panorâmicos proporcionam uma experiência turística diferenciada, atraindo turistas nacionais e internacionais. A regulamentação eficiente e segura desse serviço tornou-se um diferencial, gerando emprego, renda e destaque turístico mundial para a região.

10. Veículo Leve Sobre Trilhos (VLT) do Rio de Janeiro (RJ)

O VLT carioca, implantado para as Olimpíadas de 2016, tornou-se uma referência contemporânea de sucesso na integração urbana-turística. O projeto priorizou sustentabilidade, acessibilidade e integração com o patrimônio histórico-cultural da cidade, conforme apontado por Barbosa e Souza (2022). A revitalização urbana e turística do centro histórico carioca, impulsionada pelo VLT, é hoje referência internacional de mobilidade turística sustentável.

Casos em que o projeto não foi bem-sucedido

No Brasil, alguns projetos voltados ao transporte turístico não tiveram sucesso devido a problemas na concepção, execução, gestão e manutenção. Esses projetos exemplificam desafios comuns enfrentados pelo setor turístico e evidenciam como planejamento insuficiente, falhas administrativas, dificuldades financeiras e ausência de integração com as comunidades locais podem comprometer iniciativas potencialmente promissoras. A seguir, são apresentados casos emblemáticos de projetos que não alcançaram o sucesso esperado, embasados em literatura científica e publicações especializadas.

1. Aerotrem (Maglev-Cobra), Rio de Janeiro (RJ)

O projeto do Aerotrem (Maglev-Cobra), desenvolvido pela COPPE/UFRJ a partir de 2001, previa um sistema de transporte turístico e urbano de levitação magnética ligando pontos turísticos como Aeroporto Santos

Dumont e bairros centrais. Apesar da inovação tecnológica reconhecida internacionalmente, o projeto enfrentou problemas de financiamento, ausência de apoio governamental continuado e indefinição sobre responsabilidades administrativas, impedindo sua expansão além da fase experimental. Segundo Silva e Costa (2019), esses problemas levaram à descontinuidade do projeto, resultando em um grande desperdício de recursos públicos e tecnológicos.

2. Trem Turístico de Pirapora (MG)

O projeto turístico ferroviário que ligaria Pirapora a outras cidades históricas mineiras, criado em 2010, nunca alcançou sucesso comercial devido à falta de planejamento sustentável e dificuldade na gestão operacional. De acordo com Gonçalves e Ferreira (2017), a ausência de estudos consistentes sobre a demanda turística real, além da dificuldade em captar recursos públicos e privados, inviabilizou economicamente o projeto, que foi abandonado pouco tempo após sua implementação inicial.

3. Teleférico da Providência (Rio de Janeiro)

Instalado em 2014 como parte do projeto Porto Maravilha, o Teleférico do Morro da Providência tinha potencial para atrair turistas ao patrimônio histórico da região. Entretanto, enfrentou sérios problemas técnicos e estruturais, baixa utilização pelos moradores locais e turistas, além de custos elevados de manutenção. Conforme destacam Barbosa e Silva (2021), após um breve período de operação irregular e baixa demanda, o projeto foi desativado em 2016, representando falha significativa de planejamento urbano e turístico da cidade.

4. Teleférico do Alemão (Rio de Janeiro)

Outro exemplo emblemático é o Teleférico do Complexo do Alemão, inaugurado em 2011. Idealizado para ser um atrativo turístico integrado às políticas públicas de inclusão social, o projeto não conseguiu alcançar sustentabilidade operacional nem atrair visitantes externos. Segundo Moura e Oliveira (2018), a falta de segurança pública, problemas estruturais frequentes, altos custos de manutenção e a baixa demanda levaram à interrupção do serviço em 2016, culminando em desperdício financeiro e descontentamento comunitário.

5. VLT de Campinas (SP)

O projeto de implantação do Veículo Leve sobre Trilhos em Campinas, anunciado em 2010, seria integrado a pontos turísticos e à malha urbana local. Contudo, enfrentou atrasos significativos, problemas financeiros e disputas políticas que inviabilizaram sua conclusão. Conforme analisa Silva e Nascimento (2020), o projeto acabou abandonado em estágio inicial devido à falta de planejamento estratégico e à insuficiente captação de recursos, tornando-se um exemplo clássico de projeto de transporte turístico urbano fracassado.

6. Trem Bala Rio-São Paulo

Embora tivesse potencial turístico por conectar as duas maiores metrópoles brasileiras, o projeto do trem de alta velocidade Rio-São Paulo anunciado em 2008 nunca saiu do papel. Fatores como altos custos estimados (mais de R$ 33 bilhões na época), falta de investidores privados, insegurança jurídica e indefinições técnicas fizeram com que sucessivas licitações fracassassem. De acordo com estudos de Nogueira e Rocha (2017), a falta de articulação governamental clara e planejamento realista inviabilizou o projeto, simbolizando um dos maiores fracassos em infraestrutura de transportes turísticos e comerciais no país.

7. Projeto Fluvial Turístico no Rio Tietê (SP)

Projetado para estimular o turismo ecológico e cultural na região metropolitana de São Paulo, o projeto turístico fluvial no Rio Tietê, lançado no início dos anos 2000, não teve continuidade devido à poluição extrema do rio e à incapacidade do governo em realizar melhorias ambientais necessárias. Segundo análise de Moretti e Pereira (2018), as limitações estruturais e ambientais transformaram o projeto em um exemplo negativo da desconexão entre políticas ambientais e turísticas, impedindo seu desenvolvimento prático.

8. Linha Turística de Bonde em Santos (SP)

Embora atualmente esteja operando parcialmente, o projeto de reativação da linha turística dos bondes históricos em Santos, inicialmente previsto como um grande atrativo turístico, passou por diversas interrupções. Conforme relata Costa e Teixeira (2019), problemas técnicos, custos elevados de manutenção, baixa demanda turística em certas épocas e inadequações administrativas levaram a períodos prolongados de interrupção, comprometendo a continuidade e o sucesso pleno do projeto.

Lições para aprender

Os projetos bem-sucedidos mostram que o transporte turístico, quando bem planejado e implementado, pode gerar impactos extremamente positivos sobre o desenvolvimento econômico, social e ambiental das regiões brasileiras. Todos esses exemplos têm em comum a preocupação com sustentabilidade, preservação cultural e ambiental, além da capacidade de promover a inclusão social por meio da geração de emprego e renda. O sucesso dessas iniciativas é resultado de parcerias estratégicas entre poder público, iniciativa privada e sociedade civil, e são frequentemente usados como referência em estudos acadêmicos e no planejamento turístico brasileiro.

Por sua vez, os projetos que "não deram muito certo" mostram como projetos turísticos de transporte precisam ser analisados sob perspectivas múltiplas, incluindo viabilidade econômica, técnica, ambiental e social. Os fracassos frequentemente se devem à ausência de planejamento realista, subestimação dos custos operacionais, falha de articulação política e administrativa, falta de integração comunitária e problemas ambientais não solucionados. Projetos bem-sucedidos exigem, portanto, gestão profissional e transparente, planejamento sustentável e integrado, além da garantia de continuidade administrativa e financeira.

Capítulo 10:

Reflexões para novos inícios

É comum, na parte final de um livro, o último capítulo ter o título "Conclusão" ou "Considerações Finais". Mas o objetivo deste livro foi apresentar um cenário desafiador para profissionais que estudam o Turismo no que tange aos transportes turísticos.

Até quanto à questão de conhecimento adquirido, me permito questionar: o que apresentei neste livro, emoldurado de conhecimento, gostaria de definir como pontos de reflexão, para construirmos o conhecimento juntos, com a sua experiência da leitura de cada capítulo.

Assim, podemos chamar esta etapa de "reflexões para novos inícios", com o uso dos fundamentos apresentados para trazer novos pontos de reflexão e um efetivo crescimento do conhecimento ao fim de cada processo.

O escritor romano Plutarco (106-48 a.C.) escreveu que o General Pompeu incentivava seus marinheiros dizendo que "navegar é preciso, viver não é preciso". Camões, em *Os Lusíadas*, e Fernando Pessoa também usaram essa frase, mas com o objetivo de revelar um duplo sentido: precisar, no sentido de necessidade, e precisão, no sentido de exatidão.

O Brasil precisa enfrentar os dois: resolver o problema dos transportes e rever a forma como enfrenta esses desafios – sem precisão nessas ações, vamos ficar cada vez mais longe do futuro que almejamos para o país. Sem o início da jornada na busca de construir soluções para os transportes, o turismo será sempre vitimado com a alcunha de "potencial não explorado".

Referências

AIRLINE ROUTE MAPS. **American Airlines: North America – Dallas/Fort Worth.** [S. l.], [s. d.]. Disponível em: https://www.airlineroutemaps.com/maps/American_Airlines/North_America/Dallas_Fort_Worth. Acesso em: 16 set. 2025.

ANA – AGÊNCIA NACIONAL DE ÁGUAS E SANEAMENTO BÁSICO. **Panorama da navegação interior no Brasil**. Brasília: ANA, 2020.

ANDRADE, R.; PIRES, A. **Turismo sustentável e tecnologia**: casos de sucesso no Brasil. Rio de Janeiro: Editora Senac, 2020.

ANTAQ – AGÊNCIA NACIONAL DE TRANSPORTES AQUAVIÁRIOS. **Panorama aquaviário brasileiro**. 2021.

AZUL LINHAS AÉREAS BRASILEIRAS. **Mapa de rotas.** [S. l.], [s. d.]. Disponível em: https://www.voeazul.com.br/br/pt/sobreazul/mapa-de-rotas. Acesso em: 16 set. 2025.

BARBOSA, J.; SOUZA, P. **Mobilidade urbana e turismo sustentável**. Curitiba: IPPUC, 2022.

BARBOSA, L.; SILVA, M. Teleféricos urbanos no Rio de Janeiro: fracassos e lições aprendidas. **Revista Brasileira de Planejamento Urbano e Regional**, Curitiba, v. 6, n. 2, p. 152-169, 2021.

BARROS, B. R. C.; BULHÕES DE CARVALHO, E.; PARANAIBA, A. C. Proposta de redução das emissões de gases do efeito estufa (GEE) nos deslocamentos urbanos em uma grande cidade brasileira com a utilização de hidrovia. *In:* CONGRESO LATINOAMERICANOS DE TRANSPORTE PÚBLICO E URBANO – CLATPU, 2018. **Anais** [...]. v. 1, p. 8-17, 2018.

BENI, M. **Análise estrutural do turismo**. São Paulo: SENAC, 1998.

BENI, M. C. **Análise estrutural do turismo**. São Paulo: Senac, 2019.

BRASIL. **Decreto nº 2.521, de 20 de março de 1998.** Dispõe sobre a exploração, mediante permissão e autorização, de serviços de transporte rodoviário interestadual e internacional de passageiros e dá outras providências. Disponível em: https://www.planalto.gov.br/ccivil_03/decreto/d2521.htm. Acesso em: 7 set. 2025.

BRASIL. Ministério da Infraestrutura. **Plano Nacional de Logística 2035**. Brasília: MINFRA/EPL, 2021.

BRASIL. Ministério dos Transportes. **Transportes no Brasil**: síntese histórica. Brasília, DF: Governo Federal, 2024. Disponível em: https://www.gov.br/transportes/pt-br/assuntos/transportes-no-brasil-sintese-historica. Acesso em: 16 set. 2025.

BRASIL. **Ministério do Turismo. Portaria MTUR N° 9, de 24 de abril de 2025.** Dispõe sobre as normas do Programa de Regionalização do Turismo, do Mapa do Turismo Brasileiro e da Categorização dos Municípios do Mapa do Turismo Brasileiro. Disponível em: https://www.gov.br/turismo/pt-br/centrais-de-conteudo-/publicacoes/atos-normativos-2/2025/portaria-mtur-no-9-de-24-de-abril-de-2025. Acesso em: 19 set. 2025.

BUHALIS, D.; AMARANGGANA, A. Smart tourism destinations. *In:* XIANG, Z.; TUSSYADIAH, I. (org.). **Information and communication technologies in tourism 2015**. Cham: Springer, 2015.

CARVALHO, V. Turismo e hotelaria desenvolvendo a economia. *In:* LAGE, B.; MILONE, P. C. (Orgs.). **Turismo**: teoria e prática. São Paulo: Atlas, 2000.

CLIA BRASIL; FUNDAÇÃO GETÚLIO VARGAS. **Cruzeiros marítimos**: estudos de perfis e impactos econômicos no Brasil: temporada 2023/2024 [recurso eletrônico]. Rio de Janeiro: FGV Projetos; São Paulo: CLIA Brasil, 2024. 1 recurso online (64 p.): PDF, il. Disponível em: https://www.cliabrasil.com.br/estudos/temporada2023-2024.pdf. Acesso em: 2 jun. 2025.

CNI. **Corredores Estratégicos de Exportação**: uma análise para redução de custos logísticos. Brasília: CNI, 2019.

COOPER, C. *et al.* **Tourism**: principles and practice. 6. ed. London: Pearson, 2018.

CORRÊA, R. L. O São Francisco e suas múltiplas territorialidades. **Revista Geografia e Pesquisa**, v. 16, n. 2, p. 1-?, 2022.

COSTA, H.; TEIXEIRA, R. Mobilidade turística e bondes históricos: o caso de Santos-SP. **Revista Turismo & Desenvolvimento**, São Paulo, v. 32, n. 1, p. 87-104, 2019.

COSTA, L.; REZENDE, S. O impacto econômico do trem turístico Ouro Preto–Mariana. **Revista Turismo em Análise**, São Paulo, v. 32, n. 1, p. 45-59, 2021.

DIAS, R.; CASSAR, M. Avaliação da política pública de turismo no Brasil. **Turismo: Visão e Ação**, v. 14, n. 3, p. 415-434, 2012.

DONAIRE, D.; DA SILVA, M. P.; GASPAR, M. A. A rede de negócios do turismo: um estudo sobre suas características e implicações estratégicas. **Turismo-Visão e Ação**, v. 11, n. 1, p. 112-134, 2009.

EPL – EMPRESA DE PLANEJAMENTO E LOGÍSTICA. **Relatório Técnico PNL 2035**. Disponível em: www.epl.gov.br. Acesso em: 2 jun. 2025.

GONÇALVES, A.; FERREIRA, B. Desafios do turismo ferroviário em Minas Gerais. **Revista Brasileira de Turismo Ferroviário**, Belo Horizonte, v. 11, n. 2, p. 34-49, 2017.

GÖSSLING, S.; HALL, C. M. **Uniting tourism and climate change mitigation**: responding to global challenges. Oxford: Elsevier, 2006.

GUIMARÃES, F. C. **Geografia dos transportes**. 2. ed. Rio de Janeiro: Bertrand Brasil, 2016.

HALL, C. M. **Tourism**: rethinking the social science of mobility. Harlow: Pearson Education, 2005.

HERATY, M. J. Tourism transport—implications for developing countries. **Tourism Management**, Oxford, v. 10, n. 4, p. 288-292, 1989.

HILLIER, B. *et al.* Natural movement: or, configuration and attraction in urban pedestrian movement. **Environment and Planning B: Planning and Design**, v. 20, n. 1, p. 29-66, 1993.

HILLIER, B.; HANSON, J. **The social logic of space**. Cambridge: Cambridge University Press, 1984.

HOLANDA, F. R. B. **Arquitetura sociológica**. Brasília: Editora UnB, 2007.

IBGE. **Geografia do turismo no Brasil**. Rio de Janeiro: IBGE, 2019.

IMO – INTERNATIONAL MARITIME ORGANIZATION. Disponível em: www.imo.org. Acesso em: 2 jun. 2025.

INSTITUTO FEDERAL DE EDUCAÇÃO, CIÊNCIA E TECNOLOGIA DE GOIÁS. **Projeto Pedagógico do Curso de Bacharelado em Turismo**. Goiânia: IFG, 2024.

IPEA. **Logística de Transporte no Brasil**: infraestrutura, investimentos e perspectivas. Brasília: IPEA, 2020.

KAUL, R. N. **Dynamics of tourism**: a trilogy. Transportation and marketing. New Delhi: Sterling Publishers, 1985.

KLEIN, D. **Foto**: pessoas andando dentro do prédio. Unsplash, publicada em: 30 de maio de 2018. Disponível em: https://unsplash.com/pt-br/fotografias/pessoas-andando-dentro-do-predio-bD9M9GHzFA4. Acesso em: 7 set. 2025.

MEDEIROS, V. **Urbis Brasiliae**: o labirinto das cidades brasileiras. Brasília: Editora UnB, 2013.

MINISTÉRIO DO TURISMO; UNIVERSIDADE FEDERAL DE SANTA CATARINA; LABORATÓRIO DE TRANSPORTES E LOGÍSTICA. **Estratégia de integração multimodal**: estudos e pesquisas relacionados ao planejamento do transporte turístico no Brasil – Produto 1. Brasília: MTur; Florianópolis: UFSC/LabTrans, 2022a.

MINISTÉRIO DO TURISMO; UNIVERSIDADE FEDERAL DE SANTA CATARINA; LABORATÓRIO DE TRANSPORTES E LOGÍSTICA. **Estratégia de integração multimodal**: estudos e pesquisas relacionados ao planejamento do transporte turístico no Brasil – Produto 2. Brasília: MTur; Florianópolis: UFSC/LabTrans, 2022b.

MINISTÉRIO DO TURISMO; UNIVERSIDADE FEDERAL DE SANTA CATARINA; LABORATÓRIO DE TRANSPORTES E LOGÍSTICA. **Estratégia de integração multimodal**: estudos e pesquisas relacionados ao planejamento do transporte turístico no Brasil – Produto 3. Brasília: MTur; Florianópolis: UFSC/LabTrans, 2022c.

MINISTÉRIO DO TURISMO; UNIVERSIDADE FEDERAL DE SANTA CATARINA; LABORATÓRIO DE TRANSPORTES E LOGÍSTICA. **Estratégia de integração multimodal**: estudos e pesquisas relacionados ao planejamento do transporte turístico no Brasil – Produto 8. Brasília: MTur; Florianópolis: UFSC/LabTrans, 2022d.

MORETTI, P.; PEREIRA, V. Projetos turísticos fluviais urbanos: desafios ambientais e econômicos. **Revista Brasileira de Ecoturismo**, São Paulo, v. 13, n. 3, p. 145-160, 2018.

MOURA, C.; OLIVEIRA, D. Mobilidade urbana e turismo: análise crítica do teleférico do Complexo do Alemão. **Revista de Administração Pública**, Rio de Janeiro, v. 52, n. 5, p. 901-920, 2018.

NOGUEIRA, L.; ROCHA, M. Trem-bala Rio–SP: crônica de um fracasso anunciado. **Revista Brasileira de Infraestrutura**, São Paulo, v. 15, n. 1, p. 10-27, 2017.

NUNIS, D. **Cachoeiras artificiais do Aeroporto de Changi**. Unsplash, publicado em: 1 de outubro de 2019. Disponível em: https://unsplash.com/pt-br/fotografias/cachoeiras-artificiais-do-aeroporto-de-changi-TMofpPVhAEk. Acesso em: 7 set. 2025.

OLIVEIRA, Nayara. Atrativos turísticos registram recorde em 2022. **Ministério do Turismo**, 23 dez. 2022. Disponível em: https://www.gov.br/turismo/pt-br/assuntos/noticias/atrativos-turisticos-registram-recorde-em-2022. Acesso em: 16 set. 2025.

OLIVEIRA, R. F. de. **Logística e transportes no Brasil**: desafios e estratégias. São Paulo: Atlas, 2019.

ORGANIZAÇÃO MUNDIAL DO TURISMO (OMT). **Guidelines for the development of public transportation in tourist destinations**. Madrid: OMT, 2019.

ORGANIZAÇÃO MUNDIAL DO TURISMO (OMT). **International tourism highlights**. Madrid, 2023.

PAGE, S. **Tourism management**. 6. ed. London: Routledge, 2019.

PAGE, S. **Transport and tourism**: global perspectives. 3. ed. Harlow: Pearson Education, 2009.

PALHARES, G.; FRAGA, C.; CASTRO, R. **Transportes e destinos turísticos**: planejamento e gestão. Rio de Janeiro: Elsevier, 2013.

PALHARES, G. L. **Teoria do turismo:** conceitos, modelos e sistemas. Coautoria de Alexandre Panosso Netto. 2. ed. São Paulo: Aleph, 2006.

PALHARES, G. L. **Transportes turísticos**. São Paulo: Aleph, 2005.

PANOSSO NETTO, Alexandre. **Cenários do turismo brasileiro.** Coautoria de Luiz Gonzaga Godoi Trigo. São Paulo: Aleph, 2012.

PARANAIBA, A. C. Uma abordagem macroeconômica do turismo no espaço rural. *In:* ESARD 2013 – ECONOMIA, SOCIOLOGIA, AMBIENTE E DESENVOLVIMENTO RURAL, 2013, Évora. **Anais** [...]. Évora: [s.n.], 2013.

PARANAIBA, A.; BARBOSA, A. Qualidade do transporte urbano na cidade de Goiânia: os desafios percorridos pelo turista em sua rota. **Revista de Economia Mackenzie**, [S.l.], v. 17, n. 2, p. 27-50, 2020.

PARANAÍBA, A.; BULHÕES, E. **Transportar é preciso!** São Paulo: LVM Editora, 2019.

PARATY. Prefeitura Municipal. **Estudo de Capacidade de Suporte das Atividades Associadas ao Turismo Náutico Local.** Paraty, 2017. Disponível em: https://www.paraty.rj.gov.br/conteudo/downloads/ESTUDO-DE-CAPACIDADE-DE-SUPORTE.pdf. Acesso em: 16 set. 2025.

PINE, J.; GILMORE, J. **The experience economy**. Boston: Harvard Business School Press, 1999.

PRIDEAUX, B. The role of the transport system in destination development. **Tourism Management**, Oxford, v. 21, n. 1, p. 53-63, 2000.

RIO GRANDE DO SUL (Estado). Secretaria de Planejamento, Governança e Gestão. Departamento de Planejamento Governamental. Modal Ferroviário no Brasil. *In*: Atlas Socioeconômico do Rio Grande do Sul. [Porto Alegre]: SPGG/DEPLAN, 2022. Disponível em: https://atlassocioeconomico.rs.gov.br/midia/imagem/2022-modal-ferro-br. Acesso em: 16 set. 2025.

RODRIGUE, J. P.; COMTOIS, C.; SLACK, B. **The geography of transport systems**. 4. ed. New York: Routledge, 2017.

SAID, M. Cruzeiros no Nilo: turismo e política no Egito contemporâneo. **Cairo Journal of Tourism Studies**, v. 11, n. 1, 2019.

SANTANA, E.; FERREIRA, L. Turismo ecológico e educação ambiental: caso barco escola em Bonito–MS. **Revista Brasileira de Ecoturismo**, São Paulo, v. 15, n. 2, p. 120-135, 2022.

SILVA, F.; COSTA, J. Inovações tecnológicas e mobilidade urbana: o caso do Maglev-Cobra. **Revista Tecnologia e Sociedade**, Campinas, v. 8, n. 2, p. 220-234, 2019.

SILVA, F.; MARTINS, A. Patrimônio ferroviário e turismo cultural. **Revista Brasileira de Turismo**, São Paulo, v. 21, n. 3, p. 18-32, 2019.

SILVA, P. T. **Limites e possibilidades do Programa de Regionalização do Turismo como indutor da cultura da cooperação**: região dos negócios em Goiás. 2013. Dissertação (Mestrado Profissional) - Universidade de Brasília, Brasília, 2013.

SILVA, T.; NASCIMENTO, G. Análise crítica do projeto do VLT em Campinas–SP. **Revista de Mobilidade Urbana**, Campinas, v. 4, n. 2, p. 88-102, 2020.

SOUZA, M.; CARVALHO, E. Impactos do turismo aéreo nas Cataratas do Iguaçu. **Journal of Sustainable Tourism**, London, v. 29, n. 7, p. 1020-1037, 2021.

TREM DO CORCOVADO. Rio de Janeiro, 2023. Disponível em: https://www.tremdocorcovado.rio/. Acesso em: 16 set. 2025.

TURISMO 4.0. Ministério do Turismo. Disponível em: https://www.gov.br/turismo. Acesso em: 10 abr. 2025.

WAHAB, S.-E. A. **Introdução à administração do turismo**. São Paulo: Pioneira, 1977.

WANDERLEY, H. **A percepção dos hóspedes quanto aos atributos oferecidos pelos hotéis voltados para o turismo de negócios na cidade de São Paulo**. 2004. Tese (Doutorado) - Universidade de São Paulo, São Paulo, 2004.